La marque Macron

La collection *Suspension*
est dirigée par Jérémie Peltier

Dans la même collection :

Eva Bester, *Une époque mélancolique*
Laurent-David Samama, *Éloge de la défaite*
Pierre Brémond, *Brèves de sport*
Nicolas Goarant, *Le sommeil malmené*
Alexandra Profizi, *Le temps de l'ironie*
David Medioni, *Être en train*
Smaïn Laacher, *Ça me pèse*

www.editionsdelaube.com

ISBN 978-2-8159-4211-9

Raphaël LLorca

La marque Macron

Désillusions du Neutre

éditions de l'aube

À Marie, sans qui rien de tout cela
ne serait possible

Dimanche 7 mai 2017, esplanade du Louvre

Chargés d'animer la première partie de la soirée, le groupe Magic System et les DJ Cris Cab, Michaël Canitrot et Richard Orlinski doivent laisser leur place. Le public, jusqu'ici plongé dans une ambiance de discothèque, est prié de se hisser à la hauteur du moment, « historique ». Choc de style, aux kicks succèdent les violons: *L'Ode à la joie* résonne, et bientôt, devant les caméras du monde entier, le jeune président élu remonte d'un pas lent la place du Carrousel du Louvre.

La marche solitaire dure près de quatre minutes; elle se veut solennelle, majestueuse, initiatique. On ne se souvient guère des mots qu'Emmanuel Macron prononce au pupitre, mais l'essentiel est ailleurs: le discours n'est-il pas le prétexte pour utiliser la pyramide du Louvre, « icône internationale »?

La mise en scène, en tout cas, est minutieuse, et l'accumulation de symboles a tout de l'invitation au décryptage.

Le choix du Louvre? *Ni* de droite (la place de la Concorde), *ni* de gauche (la place de la Bastille). Incarnation du conservatisme (monarchique) *et en même temps* de l'audace (la pyramide de verre). Symbole national et témoin de l'histoire du monde.

La marche théâtrale? Un *mash-up* des cérémonies royales de l'entrée à Paris et de la cérémonie d'investiture de François Mitterrand au Panthéon, complété des codes gaullistes de l'homme seul qui marche vers la foule.

L'Ode à la joie? En déambulant sur l'hymne de l'Union européenne, c'est un « signal fort » (et envoyé à peu de frais) de son attachement au projet européen.

Ce 7 mai 2017, tout y est: la force du Neutre, un récit, une esthétique. La marque Macron a conquis le pouvoir. « Je vous servirai avec amour! » lance-t-il en quittant l'estrade.

La marque Macron

Tout y est, en effet. Y compris, déjà, les premiers signes du dérèglement de la marque Macron : un certain autoritarisme esthétique, couplé à une forme de kitsch ; un excès d'incarnation, aussi, associé à la tentation du sous-titre permanent. Et si la vérité du macronisme pouvait se lire au creux de ces manipulations symboliques ?

À « nouveau monde », nouvel outil

> « Le pouvoir réside là où les gens se le figurent. Ce n'est ni plus ni moins qu'une illusion, une ombre sur le mur. »
> LORD VARYS (*Game of Thrones*[1]).

Comment expliquer *le mystère du pouvoir* ? En effet, tout pouvoir confine bien au mystère : comment expliquer qu'un collectif se laisse gouverner par une poignée d'individus, quand ce n'est par un seul ? Comment un pouvoir s'échafaude-t-il, comment instaure-t-il son autorité, comment parvient-il à se maintenir dans le temps ? La seule coercition ne suffit pas : le pouvoir, l'histoire l'a maintes fois montré, n'échoit pas toujours au plus fort. Pour s'instituer, le pouvoir ne peut pas être force pure ; il doit nécessairement susciter des formes de consentement. Un consentement qui est rarement un pur acte rationnel, car, ainsi que le souligne le philosophe Jean-Jacques Wunenburger (2019), le pouvoir mobilise toujours « des affects, des

1. Série télévisée d'après l'œuvre de George R. R. Martin, 1997, diffusée sur Netflix de 2011 à 2019. Les références complètes sont données en fin d'ouvrage.

images, des histoires, des symboles, des mythes, bref un imaginaire collectif qui le fonde et lui confère une identité particulière ».

Voilà notre point de départ: un pouvoir est intimement lié au système symbolique sur lequel il se construit. Autrement dit: pour sonder l'épaisseur du mystère du pouvoir, il faut étudier de près les *technologies de l'imaginaire* qu'il met en œuvre. « Gouverner, c'est faire croire », écrivait Machiavel: de fait, chaque civilisation, chaque époque et chaque régime politique a conçu sa propre construction du faire-croire, dessinant son propre agencement entre mots et images, récits et signes, visible et invisible, réel et symbolique. L'historien Ernst Kantorowicz (1989) a montré combien, au Moyen Âge, la fiction des deux corps du roi – corps mortel, corps immortel – était au cœur de la production symbolique du pouvoir, structurant en profondeur l'imaginaire politique occidental. À l'âge classique, la construction du faire-croire passait plutôt par le maniement systématique et généralisé de vastes systèmes de signes: Versailles en est l'exemple le plus abouti – et certainement l'un des plus raffinés –, où tout, de l'architecture des bâtiments aux costumes des courtisans, du parcours des jardins à la rhétorique culinaire, des cérémonies religieuses aux grandes festivités curiales, est transformé en signes du pouvoir. Au XXe siècle, meurtri par le totalitarisme, c'est le paradigme de la propagande qui prévaut, faisant de tout discours, de tout fait de langue et de toute production visuelle du pouvoir une tentative d'organisation des masses et de manipulation des esprits.

On le voit, chaque imaginaire politique dépend d'un fort appareillage symbolique, d'une « logistique de symboles », pour parler comme Régis Debray (1993), qui structure et conditionne le rapport entre gouvernés et gouvernants. Comme l'a montré l'historien de l'art et sémiologue Louis Marin (1981), il existe bel et bien un « pouvoir de la représentation », dans la mesure où c'est *par* et *dans* sa représentation qu'un pouvoir forge sa légitimité à l'exercer. « Qu'est-ce donc qu'un roi ? C'est un portrait de roi, et cela seul le fait roi », avance-t-il. Une affirmation lourde de conséquences : en vérité, le pouvoir serait fondamentalement *vide*. Il n'y aurait aucune entité nommée « pouvoir » qui préexisterait aux formes discursives, visuelles et rituelles qui la représentent : dans cette optique, le pouvoir n'est plus que *l'effet* des dispositifs de représentation qui l'enserrent et l'enveloppent. Dès lors, il apparaît que pour cerner un pouvoir, pour en comprendre les ressorts, en mesurer la force et en jauger les faiblesses, il ne s'agit plus de scruter l'état de forme des différentes écuries partisanes, ni de calculer les « espaces politiques » potentiels, comme nous y a habitués un certain journalisme politique. Non : un pouvoir ne se comprend en profondeur que si l'on s'intéresse au *dispositif de représentation* sur lequel il se construit. Encore faut-il mobiliser le bon… Aujourd'hui, nombre de dynamiques de conquête, d'exercice et d'incarnation du pouvoir semblent totalement échapper aux analyses politiques traditionnelles : au fond, n'est-ce pas parce qu'on s'évertue à interpréter le nouveau avec les mêmes grilles de lecture du passé ? D'où notre hypothèse de travail : à « nouveau monde », nouvel outil. Et si le dispositif de représentation qui rende le mieux compte de notre ère politique, le système symbolique le plus à même de forger l'imaginaire de notre époque, n'était autre que la *marque politique* ?

La notion de *marque politique* n'est certes pas inédite : elle est même régulièrement convoquée dans le débat public, mais sous une forme tellement caricaturale qu'elle est victime d'un grand malentendu qu'il est temps de lever. En effet, qu'entend-on habituellement par « marque politique » ? D'abord et avant tout une violente critique : celle de la *marchandisation du politique.* Perçue comme la pointe avancée du néolibéralisme, dénoncée comme le symbole des pires dérives de la société de consommation, la marque politique signerait la dénaturation et même l'effondrement du politique. Parler de marque politique, ce serait cautionner qu'une logique de marché régisse les enjeux de la Cité. Cette interprétation, si elle exprime des inquiétudes légitimes, résulte en réalité d'une profonde méconnaissance de la marque, que l'on confond systématiquement avec le marketing. Ne nous y trompons pas : le *marketing* est une redoutable technique de domination des marchés qui a pour principe de placer les attentes du consommateur au cœur de la construction d'une offre de biens ou de services. Parler de « marketing politique », c'est donc concevoir le politique comme un vaste marché concurrentiel au sein duquel chaque candidat déploie des trésors de séduction pour flatter les attentes du citoyen, lequel déterminerait son vote en fonction d'un système multicritères – assimilant ainsi tout vote à un processus de choix très proche d'un banal acte d'achat.

Mais tout autre est la marque. Tout le travail du philosophe et théoricien de la marque Benoît Heilbrunn (2017) a été de montrer que la marque, loin de se réduire à une stricte fonction mercantile, était avant tout un *système sémiotique*[1] très puissant, c'est-à-dire un système de signes doté d'une très forte aptitude à produire du sens. Soyons clair : dans ces pages, c'est à la marque en tant que *structure* que l'on s'intéressera, pas à la marque en tant qu'entité commerciale. C'est sa capacité originale à articuler des éléments de nature immatérielle (un projet, une vision, des convictions) et matérielle (une esthétique, des codes visuels) que l'on mobilisera, pas sa capacité à faire vendre. Ici, on tâchera de comprendre la marque comme un authentique dispositif de représentation du pouvoir : car si le marketing appartient à l'univers du *produit*, du *positionnement* et de la *concurrence*, la marque, quant à elle, a trait aux *croyances*, au *symbolique* et à l'*imaginaire*. Sortant la marque hors de sa stricte sphère marchande, cet essai a pour ambition de prendre au sérieux les potentialités de la marque pour penser le champ politique, ce que peu de politologues se sont aventurés à faire jusqu'à présent.

1. Définissons très sommairement la sémiotique comme l'étude de la production du sens. Au début du XXe siècle, le linguiste Ferdinand de Saussure est le premier à parler d'« une science qui étudie la vie des signes au sein de la vie sociale » (2016 [1916]).

Ce modèle de la marque politique, nous proposons de l'appliquer à l'un des phénomènes politiques les plus fous – et certainement encore l'un des plus incompris – de l'histoire politique récente : Emmanuel Macron. Car s'il y a un mystère du pouvoir, il y a aussi un mystère Macron : comment expliquer sa folle trajectoire ? Au regard des lois de la Ve République, il est une vraie anomalie. « Son pari fou est en passe de lui ouvrir les portes de l'Élysée », écrivait le journal *Libération* au lendemain du premier tour[1].

> Inconnu il y a trois ans, étranger au combat social et jamais élu, […] lancé sous les ricanements de la classe politique et bouclé par un coup de fil d'encouragement de Barack Obama et le soutien de Dominique de Villepin[2].

Pour expliquer le « casse du siècle[3] », il faut voir que, mieux que quiconque, Emmanuel Macron a compris l'*efficacité symbolique* de la marque politique. Comme Mitterrand en son temps, il n'a, certes, rien théorisé lui-même, mais tous deux ont instinctivement compris tout le potentiel de la stratégie de communication proposée par leurs stratèges : Jacques Séguéla et Jacques Pilhan en 1981[4], Adrien Taquet et

1. Nathalie Raulin, « Emmanuel Macron, la bonne fortune », *Libération*, 23 avril 2017.
2. *Ibid.*
3. Jérémy Trottin et Pauline Revenaz, *Macron à l'Élysée, le casse du siècle*, documentaire BFM TV diffusé le 29 avril 2018.
4. Jacques Pilhan à propos de Mitterrand : « Ce type est incroyable. Il a été capable d'intégrer, en quelques

Ismaël Emelien en 2017. Comme tant de dirigeants dans l'histoire, Emmanuel Macron a eu l'intuition que le renouveau politique qu'il escomptait insuffler devait s'accompagner d'un renouveau symbolique : la marque était le dispositif qui non seulement représentait mais *construisait*, *réalisait dans les faits* le macronisme alors à l'état d'ébauche.

Candidat, il a parfaitement exploité la puissance de la marque politique : en étudiant de près sa campagne de 2017, nous verrons avec quel brio il a su articuler les trois niveaux constitutifs de toute marque – un *niveau axiologique*, un *niveau narratif* et un *niveau esthétique*. La marque était peut-être la grille de lecture qu'il nous manquait pour comprendre tous les ressorts de la conquête du pouvoir d'Emmanuel Macron : elle s'est avérée être le meilleur dispositif symbolique lui permettant, en un temps record, au sein d'un champ politique verrouillé et sans le soutien d'un appareil militant solidement installé, d'*articuler des contraires* sans pour autant apparaître comme *contradictoire*.

Mais que devient la marque Macron au pouvoir ? Il s'agit ensuite de scruter la mutation de sa marque politique et, partant, de revenir sur les raisons de son *dérèglement* progressif. Le modèle de la marque politique nous permet de poser un regard renouvelé sur les quatre premières années de son mandat, de la cérémonie du

---

mois, des règles de com' que d'autres n'assimileront jamais » (cité par François Bazin, 2009).

Louvre à la crise sanitaire. À un an de l'élection présidentielle, pourrait-il utiliser les mêmes préceptes pour se faire réélire ? Quelle stratégie de marque peut-il encore embrasser en 2022 pour se réinventer ?

I
LA MARQUE EN CONQUÊTE : FORCE DU NEUTRE

DUC DE WINDSOR: Huiles et serments. Globes et sceptres. Tout un tas de symboles. Une toile insondable de mystère obscur et de liturgie, aux contours tellement flous qu'aucun prêtre, historien ou avocat ne saurait les démêler.

WALLIS SIMPSONS: C'est fou.

DUC DE WINDSOR: Au contraire. C'est parfaitement sensé. Qui veut de la transparence quand on peut avoir de la magie? Qui veut de la prose quand on peut avoir de la poésie? Si on lève le voile, que reste-t-il? Une jeune femme ordinaire au talent modeste et de peu d'imagination. Mais enveloppez-la comme ça, oignez-la d'huile sainte et, subitement, qu'obtenez-vous? Une déesse! »

LE DUC DE WINDSOR, commentant la cérémonie du sacre d'Elizabeth II (*The Crown*[1]).

1. Saison 1, épisode 5, « Poudre aux yeux ». Série télévisée créée par Peter Morgan, diffusée depuis le 4 novembre 2016 sur Netflix.

« Il y aura Clausewitz, Sun Tzu et Macron. »
OLIVIER FAURE[1].

C'était il y a tout juste quatre ans, et pourtant 2017 nous semble très loin. La magie s'est dissipée depuis longtemps, mais il faut se souvenir de l'enthousiasme provoqué par ce candidat de tout juste 39 ans. La promesse d'un renouveau politique résonnait alors puissamment avec le sentiment, largement partagé mais jusque-là jamais aussi clairement verbalisé, de voir des alternances sans alternatives rythmer la vie politique française. L'effet de surprise s'est évanoui depuis longtemps, et entre-temps l'opinion s'est habituée à voir se réaliser des événements statistiquement invraisemblables : mais il faut se souvenir de l'improbable conquête du pouvoir de celui qui partait sans parti, sans militants et sans aucun mandat électif.

Dans ce contexte, il n'est pas anodin qu'Emmanuel Macron ait été le premier candidat de la Ve République à embrasser si ouvertement le modèle de la marque politique. Il en va bien sûr de son entourage, issu du secteur privé et rompu

1. Cité par Vanessa Schneider et Solenn de Royer, « Hollande-Macron, récit d'un parricide », *Le Monde*, 31 mars 2017.

aux codes des agences de communication. Il en va aussi de sa propre situation initiale : sans parti, sans troupes, sans capital politique et ne disposant que de peu de temps pour émerger, la *différenciation* (y compris communicationnelle) était un impératif pour espérer casser le « monopole de production politique », pour reprendre une thématique chère à Bourdieu (1981) – thématique qui sied d'ailleurs parfaitement à l'analyse du système politique français que pouvait faire la garde rapprochée du candidat en 2017 : celle d'une confiscation du pouvoir par une même classe dirigeante depuis bientôt quarante ans.

Plus fondamentalement, on peut voir dans le modèle de la marque politique une réponse originale à deux aspects structurels de la crise du politique en France. D'une part, la marque politique constitue une stratégie d'offre, en formulant une proposition politique originale qui permet de dépasser les attentes souvent contradictoires de la société française : plus d'autorité verticale et plus de démocratie participative, plus de protection mais moins de freins, etc. D'autre part, la marque permet de répondre à l'incroyable *dérèglement sémiotique*[1] de la classe politique, souvent figée dans des postures stériles auxquelles elle finissait, d'ailleurs, par ne plus croire elle-même. « Ce qui définit le mieux sa démarche, précise le sociologue Alain Touraine (2018), c'est de montrer la faiblesse et la perte de sens des déclarations de la plupart des politiques. » En tant que dispositif

1. Comprendre : la déconnexion croissante entre l'étiquette partisane (le signe) et le contenu idéologique (le sens).

sémiotique dont la finalité même consiste à produire du sens, la marque politique correspondait alors au système de représentation politique le plus fidèle au « dépassement du clivage droite-gauche » que le candidat Macron appelait de ses vœux.

Mais à quelle condition peut-on parler de « marque Macron » ? Sous réserve qu'il existe un fil rouge, une articulation cohérente entre trois niveaux de sens[1] : un *niveau axiologique* (un système de valeurs), un *niveau narratif* (un récit) et un *niveau esthétique* (des codes visuels et discursifs). Toute marque, en effet, assemble des valeurs, un récit et des éléments esthétiques : la marque de cigarettes Marlboro, par exemple, se construit sur les valeurs « liberté » et « anticonformisme », qu'elle raconte au travers du récit de la conquête de l'Ouest (à la fois idéal collectif aux États-Unis et métaphore plus personnelle d'un dépassement permanent des frontières), et qu'elle figure dans des personnages (le cow-boy), des décors (de type western) et des discours (« *Come to Marlboro country* »).

Pour Jean-Marie Floch, ce génial sémiologue à qui nous devons d'avoir appliqué les outils de la sémiotique à l'univers de la communication, toute marque se construit selon un « parcours génératif de la signification » (Floch, 1990) : le sens s'enrichirait progressivement, partant des couches profondes (le niveau axiologique, les

1. Nous reprenons ici le modèle sémiotique de la marque établi par Jean-Marie Floch (1990) et perfectionné par Benoît Heilbrunn (2017).

valeurs fondamentales) pour remonter progressivement vers les couches situées plus en surface (le niveau narratif, puis esthétique). Plus on rejoint la surface des signes, plus la signification se complexifie et s'enrichit: autrement dit, ce modèle stipule qu'on ne peut parler de *marque politique* qu'à partir du moment où il y a *articulation*, *assemblage*, *entrelacement* entre ces trois niveaux de sens. Il s'agit d'une donnée fondamentale pour comprendre que tout homme politique n'est pas nécessairement une marque politique, quand bien même il disposerait d'un slogan et d'un logo!

La force du système de représentation du candidat Macron, c'est qu'il ne s'est pas limité à une simple production de discours ou d'images juxtaposés les uns après les autres: il s'est construit en authentique marque politique, au moyen d'une architecture symbolique qu'il s'agit à présent de mettre au jour.

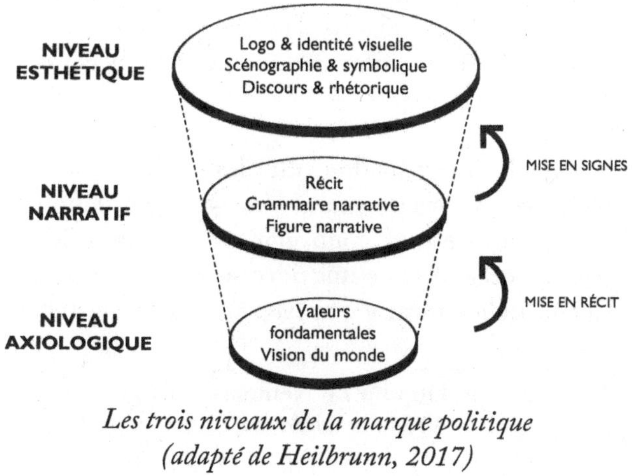

Les trois niveaux de la marque politique (adapté de Heilbrunn, 2017)

Le niveau axiologique : le Neutre

> « Rien par le choc, tout par ondulation. »
> PIERRE SAMUEL DUPONT DE NEMOURS[1]

Le premier niveau d'une marque politique est le niveau le plus profond et le plus stable : il correspond aux valeurs fondamentales qui structurent et orientent son identité. Véritable *noyau dur* de la marque, le niveau axiologique est constitué d'un ensemble d'éléments à évolution très lente qui concourent à façonner une *vision*, une manière singulière d'être au monde, une façon unique de se détacher des autres. On parle d'« axiologie » dans la mesure où une marque opère un choix dans l'univers des valeurs possibles.

Quelles peuvent donc être les valeurs fondamentales du macronisme ? S'essayer à en définir l'axiologie, c'est se confronter à une vraie difficulté : celle d'avoir une idée assez précise des valeurs qu'il n'incarne pas (la peur, le pessimisme,

1. Lettre de Dupont de Nemours à Turgot écrite le 16 octobre 1774, et citée par Gustave Schelle (1888 : 189).

la normalité), mais une idée très floue des valeurs qu'il incarne réellement. Bien sûr, plusieurs viennent spontanément en tête. *Transgression* : tout au long de son histoire personnelle et politique, Emmanuel Macron s'est efforcé de briser les conventions et d'enfreindre les règles établies. *Mouvement* : le macronisme est une force « En Marche ! » qui a avant tout la volonté d'abolir tout blocage, tout immobilisme, toute « assignation à résidence ». *Risque* : Macron a tout du *risk-taker*, celui qui a l'audace de se refuser aux choix communs et le cran de jouer cartes sur table. Et pourtant, à bien y penser, il y a ambiguïté : chacune de ces valeurs peut, sinon s'inverser, du moins être fortement nuancée, concurrencée, mise en tension par une valeur à la valence opposée. Transgression ? On pourrait tout aussi bien parler de *conservation* : des institutions de la Ve République, qu'il conforte quand d'autres cherchent à la dépasser, mais aussi de l'histoire de France, dans la continuité de laquelle il souhaite placer sa présidence, de l'Ancien Régime à la République. Mouvement ? On aurait tort de ne voir dans Emmanuel Macron qu'une irrésistible marche en avant : il y a aussi, symétriquement, un constant *retour vers le passé*, comme pour mieux cueillir le sacré auprès de figures ou de monuments historiques (Jeanne d'Arc, de Gaulle, le Louvre, Versailles). Risque ? Ses gains sont trop aléatoires pour qu'il puisse être systématiquement convoqué : certains ont souligné que Macron était avant tout un homme du *kairos*[1], en référence à

1. François Hartog, « Emmanuel Macron est un homme du kairos », *Le Monde*, 10 juin 2017.

cette divinité grecque qu'il fallait saisir par les cheveux quand elle passait. Le *kairos* désigne cette capacité à saisir le moment opportun, cette intuition rusée qui permet de tirer profit des circonstances : loin d'être un joueur à tout-va, Macron se distinguerait plutôt par sa capacité à refuser le risque inutile.

Bref, on le voit : l'homme ne se résume pas facilement. Pour y apporter une réponse, on ne saurait se contenter de brandir paresseusement la carte du « en même temps », qui n'est qu'un effet de discours et qui ne doit pas occulter la recherche de la cause plus profonde. En réalité, le candidat Macron se caractérise par une capacité inédite à embrasser systématiquement des valeurs *a priori* contradictoires ou traditionnellement considérées comme opposées dans notre représentation du monde : continuité/discontinuité, révolution/conservation, mais aussi gauche/droite, horizontal/vertical, ancien/moderne. Sur quelle valeur le macronisme en conquête a-t-il pu construire un système axiologique si complexe ? Quelle valeur permet une telle conjonction de valeurs opposées ? Une seule dispose de cette agilité plastique sur laquelle repose toute sa force : le Neutre.

Formé à partir du latin *ne-uter*, « ni l'un ni l'autre », le neutre est traditionnellement associé à l'insipidité, à la monotonie, à l'effacé : ce qui est neutre est sans individualité, sans éclat, sans originalité. Mais dans le cadre d'un séminaire au Collège de France précisément intitulé « Le

Neutre » (2002 [1977-1978]), Roland Barthes a cherché à montrer que « son » Neutre ne renvoyait pas à des « impressions de grisaille, de neutralité, d'indifférence », mais au contraire « à des états intenses, forts, inouïs ». Pour saisir toute la puissance du Neutre, Barthes invite à le comprendre comme un véritable projet philosophique qui consiste à sortir de la structure binaire et oppositionnelle qui siège à l'assignation du sens. Selon lui, la pensée occidentale est profondément marquée par une lecture du monde dite « paradigmatique[1] », c'est-à-dire systématiquement construite à partir de couples de contraires qui s'opposent et s'excluent selon une logique binaire : chaud/froid, oui/non, Bien/Mal, etc. Pour Barthes, le Neutre se conçoit comme la recherche d'un troisième terme qui « a trait à la levée du conflit, à son esquive, à sa suspension ». Fondamentalement, le Neutre cherche à déplacer, à infléchir, à déborder la logique de l'opposition binaire : plutôt que d'être dans le registre de l'affrontement, du conflit ou de l'opposition, le Neutre correspond plutôt à la recherche du glissement, de la fuite, de la parade[2].

1. Paradigme : « La réalisation d'un terme exclut la réalisation concomitante des autres termes » (Dubois et al., 1994).
2. Ainsi Barthes définit-il le Neutre comme « toute inflexion qui esquive ou déjoue la structure paradigmatique et oppositionnelle du sens, et qui vise par conséquent à la suspension des données conflictuelles du discours » (Barthes, (2002 [1977-1978]).

Dans cette conception, le Neutre va à contre-courant de nos schémas de pensée traditionnels, car il en va d'un troisième terme qui est le fruit d'une *dialectique sans synthèse*. Attardons-nous sur ce point : il est essentiel pour bien comprendre que le Neutre n'est pas une synthèse, et qu'il répond même à une logique exactement inverse. La dialectique, c'est un mode de raisonnement où la confrontation de pensées contradictoires fait émerger une proposition nouvelle, la synthèse. C'est toute la mécanique du triptyque thèse/antithèse/synthèse, si souvent utilisé dans les dissertations de philosophie : une thèse est d'abord contredite par une autre, son antithèse. La synthèse a pour objectif de sortir de cette mise en échec en faisant émerger une nouvelle proposition qui vient contredire et surtout *déconstruire* les partis pris précédents, en les subsumant dans une forme de dépassement. On touche ici à la spécificité de la synthèse : tout l'objectif du dépassement qu'elle met en œuvre consiste, en réalité, à montrer la non-validité de l'opposition initiale. La synthèse ne triomphe qu'en faisant table rase de l'opposition thèse/antithèse : en cela, elle correspond toujours à une forme de destruction de l'opposition primaire. Le Neutre barthésien, lui, a la particularité d'introduire une dialectique qui ne détruit pas mais qui, au contraire, conserve les termes de l'opposition. Le Neutre est un troisième terme qui tout à la fois *maintient* et *nie* l'opposition, une opposition qu'il reconnaît mais qu'il inverse dans un même mouvement. Le Neutre, c'est ce troisième terme qui se refuse à entrer dans une mécanique destruction/dépassement, typique de la synthèse, pour préférer la « relation calme des contraires[1] ». Candidat, Emmanuel Macron a intuitivement compris la force du Neutre, capable d'ouvrir une brèche dans le système politique binaire qui gouverne le pays depuis plus de trente ans, sans pour autant chercher à anéantir les termes de l'opposition – bien au contraire : le Neutre permet précisément de les accueillir en son sein, pour mieux les dépasser. Ainsi peut-on comprendre le large spectre des ralliements à Macron avant le premier tour, de Robert Hue (PCF) à Dominique de Villepin (UMP), en passant par des figures du Parti socialiste (Gérard Collomb, Manuel Valls), d'Europe-Écologie-Les-Verts (Daniel Cohn-Bendit) ou du Modem (François Bayrou).

Chez Emmanuel Macron, le Neutre est d'abord un trait de caractère. C'est ce qui ressort du portrait réalisé par Corinne Lhaïk dans *Président cambrioleur* :

> Emmanuel Macron n'aime pas se disputer, se fâcher, se faire des ennemis. Il veut être équidistant de tout. Il déteste les conflits, les ruptures. S'il apprécie la joute idéologique, il fuit les affrontements personnels et l'exposition aux sentiments négatifs, surtout quand il en est la cause. Même dans le combat intellectuel, il cherche l'approbation avec cette expression dont il est coutumier : « Nous sommes d'accord sur nos désaccords. » (Lhaïk, 2020.)

1. Pour reprendre la très belle expression de Jean-Claude Milner (2003).

Mais le Neutre, toujours compris comme cette « esquive » de toute opposition, se retrouve aussi dans les mesures mises en avant pendant la campagne. En lieu et place des habituels « marqueurs », ces mesures symboliques qui attestent de l'appartenance d'un candidat à un camp clairement identifié, Emmanuel Macron évite toute proposition clivante. Dans *Confusions*, Marie Tanguy, ancienne plume d'Emmanuel Macron et membre du « pôle idées » du mouvement En Marche!, raconte l'impératif de trouver des réponses consensuelles aux préoccupations des Français :

> Il fallait mettre en avant des mesures de bon sens, menus déverrouillages techniques qui feraient bon droit à l'agacement des Français : « C'est absurde que les choses fonctionnent ainsi » ; « Ce serait plus simple si les choses se passaient comme ça ». (Tanguy, 2020.)

Ainsi de la création d'un « droit à l'erreur pour tous » ou de la simplification de la vie des entrepreneurs : des mesures revendiquées comme « pragmatiques » et qui échappent à toute détermination partisane, au risque d'« accélérer la dépolitisation du débat public ». « Nous entretenions la confusion », regrette-t-elle *a posteriori* (*ibid.*). Esquive, toujours, lorsque le candidat refuse de présenter un programme en due forme. Dans son livre-candidature paru en novembre 2016, *Révolution*, Emmanuel Macron prévenait ses lecteurs :

> On n'y trouvera pas de programme, et aucune de ces mille propositions qui font ressembler notre vie politique à un catalogue d'espoirs déçus. Mais plutôt une vision, un récit, une volonté. (Macron, 2016.)

Il faudra attendre le 2 mars 2017, soit quelques semaines à peine avant le premier tour de l'élection, pour que le candidat présente non pas un « programme », mais un « projet ». Le terme a l'avantage d'être plus dynamique, moins figé : il fait appel à la force cinétique du changement et du renouvellement, mais certainement pas à un corps doctrinal figé. Là où le « programme » s'offre à la contradiction, le « projet », lui, déjoue.

Il est frappant de constater que plusieurs figures du Neutre décrites par Roland Barthes se retrouvent au cœur de la campagne d'Emmanuel Macron. La Bienveillance, ce « bon dosage de l'émoi et de la distance » selon le sémiologue (Barthes, 2002), est érigée en mantra pendant la campagne, à la fois comme style de management interne et comme posture vis-à-vis de ses adversaires politiques : « Ne sifflez pas Marine Le Pen [...], on ne rassemble pas sur des sifflets », clame le candidat lors de ses meetings. La Nuance, « un principe d'organisation totale [...] qui en quelque sorte saute par-dessus le paradigme » (*ibid.*), est une voie rhétorique privilégiée du discours d'Emmanuel Macron, qui n'a de cesse d'expliquer que le réel n'est ni blanc ni noir, mais gris. La Nuance, c'est la figure du Neutre qu'oppose Emmanuel Macron aux discours de ses adversaires qu'il juge « simplistes ». Le Neutre, enfin, se révèle être une force redoutable pour endurer les difficultés de la campagne : « Je leur offrirai le visage de la *Pietà*, confie Macron en pleine campagne (Besson, 2017), c'est-à-dire l'image de la douceur inaltérable, insubmersible malgré la cruauté qui s'abat. » À l'inverse, notons que les figures de l'anti-Neutre détaillées par Barthes sont totalement absentes de la campagne d'Emmanuel Macron : par exemple, dans le documentaire de Yann L'Hénoret filmant les coulisses de sa campagne[1], ni la Colère, ni l'Effroi n'apparaissent à l'écran.

Voilà donc le premier niveau de la marque Macron reconstitué : le Neutre s'impose comme la valeur fondamentale, celle qui sous-tend toutes les autres et qui correspond à la vision du monde du macronisme en 2017. Capable d'articuler différentes dimensions contraires, le Neutre a ceci de particulier qu'il est une forme très sophistiquée de subversion et de ruse : force de consensus, il est cette *forme plastique* capable de déjouer toutes les oppositions sans jamais opérer d'attaque frontale. Tout l'enjeu à présent consiste à voir comment le Neutre du premier niveau de la marque-Macron se retrouve aux deux niveaux suivants : à quoi correspond le récit du Neutre, à quoi ressemble l'esthétique du Neutre ?

1. *Les coulisses d'une victoire*, réalisé par Yann L'Hénoret et diffusé sur TF1 le 15 mai 2017.

Le niveau narratif : le mythe

> « À l'Ouest, quand la légende dépasse la réalité, on publie la légende ! »
> In *L'homme qui tua Liberty Valance*[1].

Le deuxième niveau d'une marque politique, dit « narratif », correspond à la *mise en récit* du premier niveau : la construction d'un récit permet d'organiser le système de valeurs et la vision du monde du niveau axiologique, et de les dynamiser au gré de ce qu'on appelle une « grammaire narrative ». Dans le cas d'Emmanuel Macron, il est vain de verser dans la critique, un peu facile, qui lui a souvent été adressée : celle de s'être construit par et pour la communication, suivant une double logique de mise en valeur de l'histoire intime et de survalorisation des émotions (voir Benedetti, 2018). En réalité, le récit du candidat Macron va bien au-delà du seul *storytelling*, cette « machine à fabriquer les images et à formater les esprits » (Salmon, 2007) devenue l'alpha et l'oméga de la mise en récit du politique depuis la fin des années quatre-vingt-dix. Si le récit de la marque Macron est si puissant, c'est qu'il est revenu aux

1. Film de John Ford, 1962.

fondamentaux de la narratologie, cette discipline qui étudie les procédés de construction du récit, pour s'adresser non plus seulement aux pages *people* des magazines, mais plus largement à l'imaginaire collectif français, dans ce qu'il peut avoir de plus enfoui et de plus contradictoire.

Pour le comprendre, il faut revenir à l'été 2015. Alors ministre de l'Économie, de l'Industrie et du Numérique, Emmanuel Macron confie à l'hebdomadaire *Le 1* sa conception de la représentation du pouvoir. La maturité de sa réflexion tranche avec sa virginité politique : plus qu'aucun de ses contemporains, Emmanuel Macron s'intéresse à l'inconscient monarchique de la République. Pour lui, subsiste dans l'imaginaire politique français une tension entre, d'une part, l'aspiration révolutionnaire et démocratique de la nation, et, d'autre part, le désir de voir le pouvoir exécutif s'incarner dans le corps d'un seul. Il déclare :

> Il y a dans le processus démocratique et son fonctionnement un absent. Dans la politique française, cet absent est la figure du roi, dont je pense fondamentalement que le peuple n'a pas voulu la mort [...] On a essayé ensuite de réinvestir ce vide, d'y placer d'autres figures : ce sont les moments napoléonien et gaulliste. Le reste du temps, la démocratie française ne remplit pas l'espace[1].

1. « J'ai rencontré Paul Ricœur qui m'a rééduqué sur le plan philosophique », entretien avec Emmanuel Macron, *Le 1*, n° 64, « Macron, un philosophe en politique », 8 juillet 2015.

Dès 2015, donc, tout est dit : son rapport à la verticalité du pouvoir, son attrait pour le symbolique, son interprétation de la démocratie, sa fascination pour Napoléon et de Gaulle. Deux ans avant l'élection présidentielle, Emmanuel Macron théorise ce qui constitue pour lui la principale difficulté politique du peuple français depuis la Révolution : l'incapacité à penser ce que le philosophe Claude Lefort appelle la « désincorporation du pouvoir ». Dans la monarchie, écrit celui-ci :

> le pouvoir était incorporé dans la personne du prince. Assujetti à la loi et au-dessus des lois, il condensait dans son corps, à la fois mortel et immortel, le principe de la génération et de l'ordre du royaume. (Lefort, 1986.)

La mise à mort du roi est une vraie rupture symbolique en ce qu'elle ébranle le lien historique qui reliait le peuple au pouvoir. Dès lors, le principe de la représentation du pouvoir en démocratie change du tout au tout : en lieu et place d'un seul homme, place au collectif (l'Assemblée nationale), aux grandes valeurs (Liberté, Égalité, Fraternité) ou aux figures imaginaires (Marianne). Fondamentalement, pour Lefort, la démocratie se caractérise par le fait que « le lieu du pouvoir devient un lieu vide [...]. Vide, inoccupable – tel qu'aucun individu ni aucun groupe ne peut lui-être consubstantiel –, le lieu du pouvoir s'avère infigurable. » (*Ibid.*)

Ministre, Emmanuel Macron avait posé le problème : candidat, il s'est efforcé de proposer une solution, en comprenant qu'elle pouvait se déployer par et dans un récit. Mais pas n'importe lequel : il lui fallait un type de récit doté d'une caractéristique très spécifique, celle de développer des figures qui incarnent et dépassent les contradictions qui travaillent en profondeur la société. C'est précisément cette forme de récit que l'anthropologue Lévi-Strauss a longuement étudiée, sous la forme du mythe. Dans les quatre volumes de ses *Mythologiques*, Lévi-Strauss passe au crible plusieurs centaines de mythes amérindiens, pour en conclure que le genre mythique, nécessaire à toute communauté, remplit une fonction de *médiation* vis-à-vis des interrogations vitales d'une société donnée. Il qualifie de mythe « tout récit qui formule structurellement une contradiction fondamentale d'une société dont la logique narrative vise à réaliser la conciliation de termes contraires » (vie/mort, jour/nuit, nature/culture, identité/altérité, cru/cuit, etc.) (Lévi-Strauss, 1984). Autrement dit, le mythe est une histoire qui cherche à dépasser la logique binaire du monde en proposant la conciliation des couples de contraires qui structurent une société : le mythe, c'est le récit du Neutre. Là où le Neutre restait énoncé comme pur principe au niveau axiologique, le niveau narratif va le rendre plus concret et plus vivant en l'inscrivant dans un récit dont on sait que toute la force est de nous faire comprendre de manière sensible (par des émotions, des personnages, des univers) les réalités les plus complexes et les plus abstraites.

Ce qu'on peut désormais appeler le « mythe Macron » a pris forme sous les traits de deux figures mythiques que le candidat a cherché à incarner durant sa campagne : l'*entrepreneur politique* et le *personnage de roman*.

Le mythe de l'entrepreneur politique

De la constitution du mouvement En marche !, pensé comme une « *start-up* politique », au projet d'un pays plus agile, la « *Start-up Nation* », la métaphore entrepreneuriale est omniprésente dans la campagne d'Emmanuel Macron. Lui-même a cherché à se raconter en « entrepreneur politique » : au-delà de l'indéniable effet de mode, d'ailleurs aujourd'hui totalement dépassé, pour quelle raison profonde la figure de l'entrepreneur a-t-elle été aussi puissamment mobilisée ? En quoi le récit de l'entrepreneur politique constitue-t-il un mythe ?

Tout d'abord parce que l'opération de *conjonction des contraires* est au cœur de la figure de tout entrepreneur : il est celui qui articule utopie et pragmatisme, vision et réalisation, le *why* et le *what*, la puissance du verbe et la puissance du chiffre ; c'est le *pitch* inspirant et le *business model*, la recherche d'investisseurs et la poursuite d'un idéal qui le dépasse. Bref, tout bon entrepreneur du XXIe siècle sait articuler des systèmes de valeurs aussi opposés que le symbolique et la technique. Une conciliation des contraires que l'expression même d'« entrepreneur politique » vient renforcer : parfait oxymore, elle mêle deux termes qui appartiennent à des sphères *a priori* disjointes et opposées – le privé contre le public, l'intérêt financier contre l'intérêt général, le marché contre la cité.

Plus fondamentalement encore, l'entrepreneur réalise un acte de création : il est celui qui refuse de s'adapter aux données d'un système pour chercher à en réinventer le cadre d'action. L'entrepreneur, c'est celui qui passe « de zéro à un[1] » : il s'agira bien sûr, dans un deuxième temps, de démultiplier l'effort, mais l'essentiel de la création de valeur tient dans cet acte originel. C'est dans cette optique qu'on peut rapprocher la disruption de ce que Barthes (2002) disait à propos du Neutre : une « esquive du paradigme existant ». Qu'est-ce que disrupter, en effet, si ce n'est éviter de se laisser enfermer dans des approches conventionnelles qui réduisent le champ des possibles entre une voie et une autre ? Disrupter, c'est refuser la logique binaire en cherchant systématiquement à s'affranchir des alternatives proposées, pour penser une troisième voie inédite. Ni un téléphone, ni un ordinateur : un iPhone. Ni une voiture individuelle, ni un taxi : un Uber. Ni à l'hôtel, ni chez soi : un Airbnb. À chaque fois, on n'est jamais dans un entre-deux, mais bien dans une troisième option qui dépasse les deux précédentes. Il est tout à fait révélateur que le publicitaire Jean-Marie Dru, inventeur du concept de disruption, ait immédiatement reconnu en Macron la figure

1. Pour reprendre le titre de l'essai de Peter Thiel, entrepreneur à succès, fondateur de PayPal : *De zéro à un : comment construire le futur* (2016).

du disrupteur politique. Il l'observe, par exemple, dans la proposition de Daniel Cohn-Bendit de moduler le temps de travail hebdomadaire en fonction de l'âge (40 heures de travail pour les plus jeunes, 30 heures pour les plus âgés), une proposition finalement non retenue par le candidat Macron, mais pour laquelle il avait exprimé un vif intérêt :

> Ce qui me paraît intéressant dans cette proposition, c'est qu'elle permet, comme beaucoup d'idées de rupture, d'aller au-delà d'une alternative. Dans le cas présent, être « pour ou contre les 35 heures ». Elle garde cet acquis sans le garder, le supprime sans le supprimer [...]. Dès que l'on se voit confronté à une alternative, il faut, comme l'a fait Cohn-Bendit, s'en affranchir. Il faut penser que la solution est ailleurs. Transversale. Transgressive[1].

Il ne faut pas sous-estimer l'attraction que le Neutre a exercée sur les esprits de ceux qui formeront le futur électorat Macron : d'un coup, il a semblé possible de déverrouiller tous les blocages de la société française en embrassant une troisième voie originale, inédite, flamboyante. Par le biais de l'entrepreneur politique, le Neutre suscite un vif espoir de transformation réelle mais apaisée de la société.

Là où le mode d'action de l'entrepreneur politique se rapproche de celui du Neutre, c'est qu'il relève de la ruse, en évitant tout choc frontal – ce qui s'est révélé être essentiel au décollage

1. Jean-Marie Dru, « De l'art de la disruption », *Libération*, 17 mai 2017.

de la fusée Macron. En effet, au contraire de l'homme politique dont l'ambition de conquête du pouvoir est explicite dès le départ, l'entrepreneur politique affiche un objectif plus vaste – et plus vague, aussi – de *résolution de problèmes*. Si cela tient de la ruse, c'est que cet objectif a pour nature d'évoluer de manière incrémentale : on propose d'abord de se réunir pour réfléchir à de nouvelles manières de faire de la politique : c'est le meeting inaugural d'Amiens, le 6 avril 2016. Il s'agit ensuite de réaliser un diagnostic des problèmes rencontrés par les Français : c'est l'opération dite de la « Grande Marche », réalisée à l'été 2016. Enfin, le mouvement propose des actions concrètes afin de répondre aux besoins identifiés précédemment… C'est ainsi que, de proche en proche, l'idée de se lancer à la conquête du pouvoir s'impose comme une évidence, sans marquer aucune rupture, dans la mesure où elle ne représente que l'étape suivante d'un processus au parcours *intuitif* et *sans couture* – pour reprendre le vocabulaire cher au design. Il s'agit d'un élément important pour comprendre comment des proches du Parti socialiste ont pu rejoindre En Marche ! et en former le noyau fondateur sans avoir, dans un premier temps du moins, le sentiment de trahir leur fidélité partisane.

Tout entrepreneur à succès porte par ailleurs un récit de *conquête* qui a la particularité de fonctionner sur une même mécanique : un individu s'arrache de la norme collective pour marquer un avant et un après. Le récit des origines et de l'ascension d'un entrepreneur est partout le même. Situation initiale : l'entrepreneur est dépeint en marginal, non reconnu par son milieu et porteur d'un projet déconsidéré car jugé irréalisable. Péripéties : une succession d'épreuves, d'échecs et de réussites le fait entrer dans l'arène et le qualifie en acteur crédible. Dénouement : à la fin, il parvient à renverser le système et à s'y imposer en réinventant les règles du jeu, gagnant enfin respect et reconnaissance de la part de ceux qui le déconsidéraient. De Thomas Edison à Elon Musk, l'entrepreneur est celui qui opère des inversions de situation : il passe de l'anonymat à la célébrité, de la marginalité à la centralité, de la périphérie au centre, etc. Il en va de même pour l'entrepreneur politique, comme en témoigne la métaphore filée d'Emmanuel Macron lors du discours d'inauguration de l'incubateur de *start-up* Station F, le 30 juin 2017 :

> Je dois vous faire une confidence. Il y a trois ans, j'avais promis à ma femme que j'arrêtais la politique pour devenir entrepreneur [...]. J'ai commencé, j'ai essayé, puis progressivement, j'ai pivoté le *business model*, les choses se sont faites en marchant. D'abord, beaucoup de gens m'ont dit « cela ne marchera jamais ». Ensuite, d'autres m'ont dit « le type est tout seul », puis « il n'y a pas de business model ». Ensuite c'était « ok, peut-être, mais il n'y a pas d'investisseurs » et « il n'aura pas de clients ». Après, j'étais devenu presque une secte... et à la fin on l'a fait !

Si le récit de conquête de l'entrepreneur politique obéit à une logique mythique, c'est qu'il porte une vision du monde sur les raisons de la réussite : comment expliquer qu'il y ait « des gens qui réussissent et des gens qui ne sont rien[1] » ?

Dans *L'Esprit du macronisme*, la philosophe Myriam Revault d'Allonnes voit dans la métaphore entrepreneuriale un discours valorisant une conception néolibérale de l'autonomie, vantant « l'exaltation illusoire de la toute-puissance de l'individu » (2021). De fait, et c'est là que réside toute sa puissance narrative, l'entrepreneur politique porte un récit d'émancipation individuelle. Nonobstant les difficultés, les obstacles ou le hasard de la vie, ce qui compte, ce qui fonctionne, c'est la persévérance, le travail acharné, le dépassement de soi, l'ambition. D'ailleurs, au cœur de la campagne, une visite guidée du QG d'En Marche ! montre des murs envahis de phrases totems (et éculées) de cet idéal entrepreneurial[2] : « *Sky is the limit* », bien sûr, mais aussi le slogan iconique de Nike « *Just do it* » ou encore « La maison n'accepte pas l'échec ».

Pour résumer : Emmanuel Macron, en tant qu'entrepreneur politique, articule des plans disjoints (utopie *vs* pragmatisme) ; il organise une « ruse de l'engagement » en ne s'attaquant

1. Lors du même discours prononcé à Station F, ancienne gare transformée en haut-lieu de l'entrepreneuriat français, Emmanuel Macron déclare : « Une gare, c'est un lieu où on croise les gens qui réussissent et les gens qui ne sont rien. Parce que c'est un lieu où on passe. Parce que c'est un lieu qu'on partage. »
2. Émilie Cabot & Mariana Grépinet, « Visite guidée du QG d'Emmanuel Macron », *Paris Match*, 20 janvier 2017.

pas frontalement au système politique, mais en l'amenant progressivement à considérer sa position comme centrale; il embrasse la disruption comme troisième voie et invente un « nouveau monde » pour éviter de choisir parmi l'existant… On reconnaît là les caractéristiques identifiées au niveau axiologique: l'entrepreneur politique est une figure du Neutre, et son récit reprend les caractéristiques du mythe.

Le mythe du personnage de roman

Lors de la campagne présidentielle, l'écrivain Philippe Besson a suivi de très près la campagne d'Emmanuel Macron, intégrant même son équipe rapprochée. Il en a tiré un livre, mi-journal de bord, mi-essai, qu'il a intitulé *Un personnage de roman* (Besson, 2017). À plusieurs reprises, l'auteur dit écrire un « roman d'aventures », car son héros principal est « romanesque ». Et de rapporter une confession du candidat: « J'aurais aimé être Stendhal, Romain Gary ou René Char, à cause de leur vie, de leur liberté. » En mai 2017, revenant sur la victoire d'Emmanuel Macron, beaucoup de journaux ont repris la métaphore romanesque – jusqu'à l'hebdomadaire *Le 1* qui titre « Macron, un roman français[1] ». La multiplication des références au romanesque interpelle: que traduit-elle? Au sein de la marque Macron, à quelle fonction répond-elle?

1. Éric Fottorino, "Macron, un roman français ». *Le 1*, n° 154, 10 mai 2017.

Le romanesque relève d'abord de la mise en valeur de l'opposition contingence/nécessité. Contrairement aux « professionnels de la politique », pour qui l'élection est une *nécessité* personnelle et presque biographique, où la seule participation à la compétition électorale est l'aboutissement d'une longue carrière politique, Emmanuel Macron exhibe une innocente et redoutable *contingence*. Sa campagne relève parfaitement de *ce qui pourrait ne pas être* : la présidence de la République n'est pas l'objectif d'une vie, mais n'est qu'une possibilité d'existence parmi d'autres (banquier, entrepreneur, professeur, écrivain...). La contingence est une arme qu'il n'hésite pas à sortir pour contrer les attaques dont il fait l'objet, comme lorsqu'on l'accuse d'être la marionnette des plus fortunés : « Si j'aimais tant que ça les puissances de l'argent, je serais resté dans cet univers. » (Besson, 2017.) On peut voir dans la contingence par le romanesque une sorte de populisme *soft* : il s'agit bien de marquer une forme d'antagonisme moral entre ceux, forcément critiquables, qui dédient une vie entière à la vie publique, et ceux, forcément dotés des meilleures intentions, qui décident à un moment donné de consacrer une partie de leur vie, et une partie seulement, à l'engagement politique.

Dans le passé, on ne compte plus les stratégies d'image visant à perpétuer l'idée que tel homme politique entretiendrait un rapport intime avec la littérature, construisant ainsi la stature d'un lettré en politique à même de séduire un pays traditionnellement attaché à la culture de l'écrit. Des *Mémoires de guerre* du général de Gaulle (1954-1959) à la biographie d'Henri IV écrite par François Bayrou (1994), en passant par les passages de François Mitterrand ou de Valéry Giscard d'Estaing dans *Apostrophes*, la mythique émission littéraire de Bernard Pivot, le livre s'est imposé comme l'objet symbolique incontournable pour quiconque se rêve un destin présidentiel. Dans le cas d'Emmanuel Macron, la littérature revêt une fonction plus fondamentale de *légitimation*, dans la mesure où elle lui permet de revendiquer une épaisseur destinée à compenser sa présumée inexpérience. En revendiquant une intime connaissance de la littérature, Emmanuel Macron cherche à montrer quelles richesses il a pu, du haut de ses 39 ans, tirer des mille vies vécues à travers les livres. C'est ce qu'il a lui-même expliqué à *La Nouvelle Revue française* en mai 2018[1] :

> Pour moi, le premier apport de la littérature est de m'avoir transmis certaines choses avant même que je les connaisse [...]. La fréquentation intime de la littérature donne à sentir les choses dans leur profondeur.

La force du romanesque relève enfin de la puissance d'un récit qui porte une fiction. Se référer au romanesque, c'est inviter à se transporter au-delà du cadre nécessairement restreint

1. Alexandre Duval-Stalla, Michel Crépu et Emmanuel Macron, « L'histoire redevient tragique », entretien, *La Nouvelle Revue française*, n° 630, Gallimard, 3 mai 2018.

que constitue le réel. Mais ne soyons pas dupes, la portée politique est redoutable : en l'état, il ne s'agit rien de moins que de substituer le romanesque à l'utopie. Si toutes deux opèrent une résorption des antagonismes par l'imaginaire, la substitution est en réalité lourde de sens : quand l'utopie a une dimension éminemment subversive, dans la mesure où la pensée utopique consiste toujours à *explorer les possibles* pour imaginer un réel plus désirable, le romanesque remplit avant tout une fonction de palliatif, de simple échappatoire individuelle. Face à l'utopie qui renverse, le romanesque qui transporte paraît bien plus inoffensif politiquement. À ce titre, l'appel au romanesque du macronisme relève bien davantage de *Madame Bovary* que du *Meilleur des mondes* : il ne s'agit pas du tout de susciter un rapport critique à la société, qu'il faudrait collectivement renverser, mais de faire appel à une voix plus intime et individuelle, qui rêve d'un autre destin et crie son désir d'embrasser une autre trajectoire. Dans le discours de Macron, le romanesque a une fonction de déplacement : il est ce terrain consensuel et politiquement non marqué qui permet la ruse, l'esquive. Le mythe du personnage de roman consiste à proposer un ailleurs qui se superpose au réel sans s'y substituer, un lieu imaginaire qui permet d'éviter de recourir à l'utopie – qui est, comme le rappelle le philosophe Pierre-Olivier Monteil (2017), une thématique absolument inexistante chez Emmanuel Macron alors qu'elle constitue une pièce maîtresse de la réflexion de celui qu'il désigne comme son maître à penser, Paul Ricœur. C'est pour toutes ces raisons que le mythe du personnage de roman – et tout l'univers du romanesque qu'il sous-tend – constitue bien, à son tour, une figure du Neutre.

C'est donc bien en tant que *mythes contemporains* que les figures de l'entrepreneur politique et du personnage de roman doivent se comprendre. Le récit mythique construit progressivement un personnage: vide au départ, il se « remplit » au gré de la succession des événements et du déroulement de l'intrigue. On aurait tort, cependant, de considérer ces deux figures mythiques séparément. C'est bien la *combinaison* inédite des deux qu'il faut penser: elle permet à la fois à Emmanuel Macron de se projeter dans la modernité (la « *Start-up Nation* ») et de s'ancrer dans le classique (le « roman français »). La figure de l'homme politique est alors *et* renouvelée (l'entrepreneur politique) *et* restaurée (la dimension romanesque du politique). Ces éléments narratifs seront emblématiquement repris dans sa photo officielle, en mêlant le smartphone, *Le Rouge et le Noir* et de Gaulle.

In fine, les figures mythiques de l'entrepreneur politique et du personnage de roman sont des déclinaisons particulières d'une tension à la fois plus collective et plus profonde de la société française: ce que le mythe Macron exprime, on l'a dit, c'est la difficulté de la République à accueillir l'infigurable en son centre. On comprend dès lors que le mythe Macron organise la coprésence d'une dynamique horizontale et d'une prise de décision verticale, ainsi que le recours à un champ lexical de la Révolution jouxtant une mise en scène de la symbolique monarchique. Ce faisant, Emmanuel Macron touche au point névralgique de la représentation collective de la société française tout en maximisant son efficacité symbolique : son élection tient beaucoup à la puissance du récit mythique qu'il a su développer.

Le niveau esthétique : le mana

> « Le vide est très différent du “rien”, c’est avant tout un formidable réceptacle créatif. Le vide porte en lui-même la possibilité d’être rempli : c’est là sa grande richesse. »
> KENYA HARA, directeur artistique de Muji.

Le troisième et dernier niveau de la marque politique, le niveau esthétique, regroupe à la fois des éléments visuels et discursifs : il constitue la *mise en signes* des niveaux axiologique et narratif précédents. En tant que niveau situé le plus en surface, il est constitué des éléments les plus facilement repérables et les plus immédiatement perceptibles : univers visuel, champ lexical, scénographie, etc. Il faut toutefois bien garder en tête qu’il ne s’agit que du dernier étage d’une structure infiniment plus complexe. Tout l’intérêt de la sémiotique est de montrer les relations de solidarité entre le *plan de l’expression* et le *plan du contenu* : la variation d’un élément du niveau esthétique (une couleur, un symbole, une expression) doit toujours se comprendre comme la conséquence d’une modification d’un élément des niveaux inférieurs, narratif ou axiologique.

Pour toute marque, un clip vidéo constitue son expression esthétique la plus aboutie : dans le choix des mots, des sons et des images, mais aussi des couleurs, des décors ou des plans caméra qu'elle décide d'effectuer, c'est tout un univers de signes qu'elle décide intentionnellement de construire et de communiquer. C'est la raison pour laquelle le clip de lancement du mouvement En Marche !, diffusé pour la première fois le 6 avril 2016, est une excellente porte d'entrée dans l'esthétique de la marque Macron. Reprenant tous les codes du film-manifeste, le clip est schématiquement structuré autour d'une opposition « problèmes/solutions ». Les quarante-cinq premières secondes multiplient les constats d'échec de la promesse républicaine : « Où est la liberté dans tout ça ? », « Où est passée l'égalité ? », « Qu'est devenue la fraternité ? ». Les quarante-cinq suivantes versent dans le *feel-good* en vantant l'immense potentiel de la France, ce qui permet d'ouvrir sur la solution avancée par Emmanuel Macron : « On se met en marche. Car on ne fera pas la France de demain sans faire place aux idées neuves, sans audace, sans esprit d'invention. » La réalisation est très bien exécutée, les images sont belles, en somme tout est parfait… et pourtant, un sentiment de vague malaise nous envahit. Le clip met en scène un éventail très large de populations : il y a des jeunes, des vieux, des startupeurs, des agriculteurs, des Blancs, des Noirs. On comprend la volonté très manifeste de représenter la France dans toute sa diversité. Mais les visages sont lisses, sans aspérité, sans histoire : ils ne semblent pas exister en tant que *sujets*, mais en tant que *purs signes*. Le malaise vient de ce que les personnages à l'écran semblent être des formes vides, capables d'endosser des propos potentiellement très différents de ce que veut bien nous raconter la voix *off*. Ces impressions sont confirmées par *Le Petit Journal* de Canal Plus, qui révèle, le 7 avril 2016, que ces images, issues de banques d'images étrangères, ont déjà été utilisées dans le passé[1]. Le choix de visages interchangeables, propres à figurer tout aussi bien dans le spot d'une entreprise de vente de services de voyages (Amadeus) que dans un clip pour un candidat américain très à gauche (Bernie Sanders), montre bien qu'en réalité aucune valeur signifiante ne leur est attribuée. Au fond, ce clip répond à une stratégie de dé-sémantisation très marquée : il s'agit de construire des réceptacles vides qui portent en eux-mêmes la possibilité d'être remplis de sens très différents – aussi bien « le voyage est essentiel à la vie » que « vive le socialisme ! ».

Cette stratégie du réceptacle vide relève de ce que l'anthropologie appelle plus largement le « mana ». Dans son *Introduction à l'œuvre de Marcel Mauss*, Claude Lévi-Strauss ([1949] 2013) complète les observations de son maître[2]

1. En ligne : <https://www.dailymotion.com/video/x43ltvp>.

2. Au début du XXe siècle, l'anthropologue Marcel Mauss constate, dans son *Esquisse d'une théorie générale de la magie* (2013 [1904]), qu'une notion désignée en Mélanésie et dans la plupart des langues polynésiennes sous le nom de « *mana* », synonyme de pouvoir

en s'inspirant de la notion linguistique du signifiant[1]. Loin d'être cantonné aux sociétés indigènes, le mana revêt un caractère universel[2] : il a pour fonction de « permettre à la pensée symbolique de s'exercer malgré la contradiction qui lui est propre ». Pour Lévi-Strauss, le mana est un « signifiant flottant » en attente de son signifié, c'est-à-dire une forme dotée d'une « valeur indéterminée de signification, en elle-même vide de sens et donc susceptible de recevoir n'importe quel sens ». Toute la force du mot-mana provient de cette indétermination sémantique : il est un « symbole à l'état pur, donc susceptible de se charger de n'importe quel contenu symbolique ». Le mana correspond bien à la mise en signes du Neutre et à l'incarnation esthétique du mythe. Comme on va le voir, la puissance esthétique de la marque Macron tient au fait qu'elle a appliqué cette forme-mana à son discours et à son identité visuelle.

---

magique et de puissance, regroupait sous un vocable unique des acceptions très larges. Le mana se révèle être une notion qui est à la fois « force et action ; qualité et état ; substantif, adjectif et verbe ; abstraite et concrète ; omniprésente et localisée », et qui marquerait la « confusion de l'agent, du rite et des choses ».

1. En linguistique, le « signifié » renvoie à la représentation mentale d'une chose (la vache : femelle du taureau) tandis que le « signifiant » correspond à la partie matérielle du signe (le mot « vache »).

2. Dans la langue française, Lévi-Strauss repère cette forme-mana dans des termes comme « truc » ou « machin », dont le sens peut effectivement beaucoup varier au gré du contexte et du locuteur.

La forme-mana du discours

C'est en effet sous la forme du mana que peut se comprendre le discours du candidat Macron. Prenons « En Marche ! » : c'est bien la promesse d'un mouvement, d'une dynamique, mais sans en préciser ni la destination, ni le but. De même pour « conquête », « libération d'énergie », « nouveauté », « renouvellement », « espoir » : sémantiquement nues, ces expressions surutilisées par Emmanuel Macron sont autant de réceptacles vides capables de se remplir de multiples sens, et dont toute la force réside précisément dans leur capacité à endosser un spectre très large de signifiés. Une remarque de Lévi-Strauss permet de comprendre, *a posteriori*, une caractéristique fondamentale du macronisme :

> On pourrait dire que la fonction des notions de type mana est de s'opposer à l'absence de signification sans comporter par soi-même aucune signification particulière. (Lévi-Strauss, [1949] 2013.)

C'est en cela qu'on peut comprendre qu'Emmanuel Macron marque à la fois la « résurrection du sens en politique », comme le suggérait Alain Touraine (2018), et le brouillage de tout repère sémiotique. Si Emmanuel Macron porte un « sens », il faut davantage l'entendre comme une « direction » que comme une réelle « signification ».

Le recours à un vocabulaire a-politique est une caractéristique fondamentale de ce qu'on pourrait appeler la « mana-isation du discours » du candidat Emmanuel Macron, qui préférera toujours insister sur la force du mouvement ou l'attrait du rassemblement plutôt que sur le contenu réel des politiques proposées. Le linguiste Damon Mayaffre, spécialiste d'analyse du discours assistée par ordinateur, a étudié dans le détail l'ensemble des discours tenus par Emmanuel Macron, en dotant chaque mot d'un « indice statistique d'utilisation » – ce qui permet de mesurer son taux d'utilisation comparé à celui des autres candidats. Il est ainsi capable d'identifier les mots les plus caractéristiques d'Emmanuel Macron, ceux dont la surutilisation statistique est remarquable par rapport à ses adversaires politiques : « projet » (+16), « transformer » (+10), « renouvellement » (+10), « transformation » (+13,5) et « réconcilier » (+8,5) (Mayaffre, 2021). Selon Damon Mayaffre, « il choisit consciemment de masquer la substance politique de son message pour faire campagne sur le seul mouvement ou la mise en action ». À l'inverse, d'autres mots sont sous-utilisés : « peuple » (-16), « nation » (-11,5), « État » (-14). Stupeur du linguiste de ne trouver chez le candidat Macron « aucun mot-valeur, aucun des concepts politiques habituels sur lesquels se sont construits deux cents ans de luttes politiques ou idéologiques » (*ibid.*). Tous les mots axiologiques – ceux qui affirment une appartenance à une certaine famille de pensée et qui marquent une opposition aux autres – sont soigneusement évités, au contraire des autres principaux candidats à l'élection présidentielle (Hamon, Mélenchon, Fillon, Le Pen).

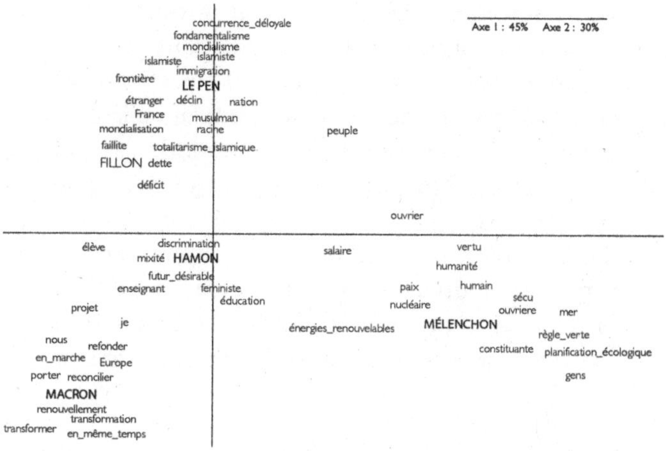

Nuage des mots des candidats – analyse factorielle des correspondances (Mayaffre, 2021)

On retrouve cette stratégie de la mana-isation dans la syntaxe et le registre du discours de campagne d'Emmanuel Macron. Comme le montrent diverses études logométriques[1], sa syntaxe est caractérisée par une surpondération de verbes intransitifs[2], c'est-à-dire des verbes qui n'introduisent aucun complément d'objet (comme « agir », ou « avancer »), et surtout par l'emploi intransitif de verbes transitifs. C'est le

1. Voir les conclusions du projet « Mesure du discours », de l'Observatoire du discours politique français.
2. Un verbe est transitif lorsqu'il introduit un complément d'objet (ex : Paul a visité un appartement). Un verbe est intransitif quand il n'admet pas de complément d'objet (ex : Les cerisiers fleurissent).

cas des verbes « faire » et « transformer » qui, dans le discours du candidat, ne sont presque jamais suivis de compléments d'objet : on fait *quoi* ? on transforme *quoi* ? Le candidat ne le précise jamais. Seul compte le *signifiant* de l'action ou de la transformation, pas le *signifié* ; seule compte l'exhibition du faire, pas le contenu réel du faire. Il est frappant de constater que tous ces verbes sont utilisés sous une forme infinitive ; or, comme le rappelle le philosophe Emmanuel Fournier, penser en infinitif, c'est se débarrasser du sujet :

> Quand on se consacre à penser sans se soucier de substantifs ni de qualificatifs, on se passe de sujets. Et aussi de leurs substituts et de leurs attributs, pronoms, articles, adjectifs, adverbes. On n'est déjà plus dans l'assertion ni dans la représentation. (Fournier, 2000.)

Si la « pensée infinitive » relève bien de la forme-mana, c'est qu'en liquidant le sujet et ses attributs, elle permet de garantir une parfaite adaptabilité.

Quant au registre, le discours d'Emmanuel Macron se caractérise par une très grande plasticité, soulignant sa capacité à embrasser de multiples champs lexicaux. Comme le remarque la linguiste Cécile Alduy[1], il alterne entre des registres de langue familiers (« ceux qui foutent

1. Nicolas Chapuis, « Cécile Alduy : "Emmanuel Macron camoufle la violence sociale sous des expressions abstraites" », *Le Monde*, 23 février 2018.

le bordel ») et soutenus (« croquignolesque », « saperlipopette ») ; il a le goût de la langue française, usant et abusant d'expressions précieuses (« par le truchement de… »), mais multiplie dans le même temps les anglicismes (« *process* », « *feedback* », « *updater* »). Par ailleurs, son univers sémantique emprunte à deux sources *a priori* fort distinctes : une inspiration littéraire (ainsi cite-t-il souvent René Char ou Colette) et une inspiration entrepreneuriale (« *Start-up Nation* », « *business-friendly* »). Cette étonnante plasticité est bien le signe d'une mana-isation du registre du discours d'Emmanuel Macron : vierge de tout contenu préexistant, il peut se remplir de registres extrêmement variés et, par là, embrasser des champs discursifs si vastes qu'il peut toucher des catégories de citoyens pourtant très éloignées les unes des autres.

La rhétorique utilisée par Emmanuel Macron, enfin, relève très exactement de ce que Pierre Bourdieu appelle la « stratégie de la neutralité », c'est-à-dire une rhétorique qui vise à « imposer universellement, par un discours tout empreint de la simplicité et de la transparence du bon sens, un sentiment d'évidence et de nécessité » pour travailler à « annuler la politique dans un discours politique dépolitisé ». Un passage de *Ce que parler veut dire*, publié en 1982 mais d'une stupéfiante actualité, traduit parfaitement la forme rhétorique développée par Macron lors de sa campagne :

> Ce langage politique non marqué politiquement se caractérise par une rhétorique de l'impartialité,

> marquée par les effets de symétrie, d'équilibre, de juste milieu, et soutenue par un ethos de la bienséance et de la décence, attesté par l'évitement des formes les plus violentes de la polémique, par la discrétion, le respect affiché de l'adversaire, bref, tout ce qui manifeste la dénégation de la lutte politique en tant que lutte. (Bourdieu, 1982.)

Ces mots décrivent avec beaucoup de justesse les performances télévisuelles du candidat Macron. Avant le premier tour, lors des différents débats organisés face aux autres candidats, il a toujours cherché à incarner ce point d'équilibre et ce « juste milieu », en insistant systématiquement sur les rapprochements programmatiques et sur ses convergences avec ses opposants politiques[1]. Tant et si bien que le « Je suis d'accord avec vous » d'Emmanuel Macron, en passe de devenir un *gimmick* rhétorique, a fait sortir François Asselineau de ses gonds : « Vous êtes toujours d'accord avec tout le monde[2] ! »

Les mêmes dynamiques relevées dans le discours sont à l'œuvre dans l'identité visuelle (logo, couleurs, typographie). Pour ce faire, il faut distinguer deux grandes périodes esthétiques du mouvement En Marche ! : la

1. Lors du débat organisé le 20 mars 2017 sur TF1, Macron multiplie cette rhétorique du consensus : « Je suis d'accord avec le constat fait par Jean-Luc Mélenchon », « Je partage totalement, François Fillon a totalement raison », « cela a été dit également par Benoît Hamon », etc.
2. François Asselineau, lors du grand débat de la présidentielle, BFMTV/Cnews, le 4 avril 2017.

première, d'avril 2016 à février 2017, correspond à l'identité visuelle imaginée par Adrien Taquet, à l'époque publicitaire au sein de l'agence Jésus et Gabriel[1]. Progressivement, de plus en plus de tâches graphiques sont internalisées par les équipes d'En marche, qui vont jusqu'à fonder une vraie agence de publicité et de design au cœur du mouvement[2]. L'identité visuelle évolue : la deuxième période débute en février 2017, date de sortie du second logo d'En Marche !.

Identité visuelle : de l'inversion à la mana-isation graphique

La première identité visuelle du mouvement En Marche ! correspond à une rhétorique d'inversion. Dans la continuité des réflexions très stimulantes de Jean-Marie Floch (1995) sur le logo d'Apple, construit en opposition des codes plastiques de celui d'IBM, il apparaît que le premier logo En Marche ! correspond à une inversion systématique des codes graphiques des partis politiques traditionnels.

– Sur le plan de la *structure*, la configuration des logos des partis politiques

1. Adrien Taquet est élu député LREM de la 2e circonscription des Hauts-de-Seine en juin 2017, puis est nommé secrétaire d'État chargé de la Protection de l'enfance le 25 janvier 2019.
2. Olivier Alexanian et Thibault Caizergues, respectivement recrutés en tant que directeur artistique et directeur de création d'En Marche !, accompagneront Emmanuel Macron à l'Élysée.

traditionnels est complexe (agencement de plusieurs signes sur plusieurs niveaux), tandis que le premier logo d'En Marche ! obéit à une configuration simple (une seule ligne, homogénéisation des signes assemblés). Tous les logos des partis politiques recourent à la logique du symbole (rose socialiste, flamme frontiste, phi insoumis), tandis que le logo d'En Marche ! s'y refuse ;

– sur le plan des *couleurs*, les partis traditionnels affichent des logos polychromatiques et des couleurs vives (rouge, vert, bleu), tandis qu'En Marche ! a un logo monochromatique et des couleurs ternes (noir et blanc, gris pâle) ;

– sur le plan des *formes*, la première version du logo En Marche ! ne reprend pas de sigle, très répandu dans les partis politiques. Il se distingue surtout par sa typographie, qui n'est autre que l'écriture manuscrite d'Emmanuel Macron lui-même (écriture fine et inclinée), tandis que la typographie des partis politiques recourt à des typographies plus épaisses et suivant des lignes droites.

	Partis politiques traditionnels	*En Marche !*
Structure	Configuration complexe Plusieurs niveaux	Configuration simple Un seul niveau
Couleurs	Polychromatiques Vives	Monochromatiques (N&B) Ternes
Formes	Sigles Épaisseur (« graisse ») Droites	Pas de sigle Écriture manuscrite, fine Inclinées

La première identité visuelle : une inversion des codes graphiques des partis politiques traditionnels

Durant les premiers mois de campagne de l'année 2016, des évolutions graphiques surviennent[1], mais la vraie césure se produit en février 2017, avec le dévoilement de la nouvelle charte graphique d'En Marche ! : la deuxième

1. Les couleurs apparaissent dès le meeting de la Mutualité (12 juillet 2016), sur les panneaux des sympathisants, bien qu'elles restent très classiques : bleu, blanc, rouge. Le meeting de la Porte de Versailles (10 décembre 2016) marque l'introduction du « En Marche ! » géant en utilisant la typographie utilisée depuis le départ (site internet,

période esthétique du mouvement consacre le passage d'une logique d'inversion à une logique de mana-isation graphique.

Tout d'abord, le logo En Marche! évolue: l'écriture manuscrite est abandonnée, au profit de la police Gill Sans. Créée en 1928 par Eric Gill pour la compagnie de chemins de fer britannique LNER, la Gill Sans répondait au besoin d'avoir une typographie malléable, lisible à tous les niveaux: à la fois suffisamment délicate pour apparaître en corps de texte sur les menus des voitures-restaurants, et suffisamment imposante pour figurer en grand sur les plaques portant le nom des gares (Gill, 2018 [1931]). Le jeu des graisses et de l'espacement des lettres en fait une typographie très polyvalente, adoptée par nombre d'entreprises et d'organisations dans des secteurs très différents: TF1, BBC, Philips, Tommy Hilfiger, United Colors of Benetton, le parti Liberal Democrats, Penguin Books, pour ne citer que quelques exemples. Masculine et féminine, littéraire et dactylographique, classique et moderne, effacée et chaleureuse: capable d'endosser des dimensions contradictoires et de se charger d'un spectre très large de signifiés au gré de ses applications, la Gill Sans est la typographie idoine du Neutre-mana.

---

communication externe, etc.), mais en ayant recourt à une « graisse » plus épaisse et à un interlettrage plus resserré.

Ensuite, le spectre des couleurs explose. On sait combien les couleurs sont signifiantes, et tout particulièrement en politique : dès lors, comment représenter un mouvement transpartisan, qui est passé du « ni droite ni gauche » au « et de droite et de gauche » ? Faut-il éviter toute couleur, en se limitant au noir et blanc, ou au contraire en embrasser toute la palette ? De manière très significative, En Marche ! a successivement adopté les deux positions : « Au début, on s'est dit qu'on n'aurait pas de couleurs, et que le blanc serait notre couleur. Assez rapidement, on s'est dit qu'on aurait toutes les couleurs » relate Adrien Taquet[1]. Mais dans un second temps, des couleurs secondaires aux tonalités pop, acidulées et modernes sont introduites et massivement utilisées, en plus des couleurs principales (qui restent le blanc, le noir et le gris). La transformation conceptuelle est réelle : on passe du monochromatique au polychromatique, de l'incolore au multicolore, du zéro à l'infini. En s'autorisant à utiliser toutes les couleurs, y compris celles de ses adversaires politiques qui étaient jusqu'ici très symboliquement chargées (qu'on songe au bleu royaliste, au vert écolo, au rouge communiste), il en va bien d'une opération de *mana-isation* : une fois que le signifié des couleurs est vidé de son contenu, la marque Macron peut à son tour toutes les embrasser.

1. « 2017, la révolution de velours ? », colloque organisé par la Fondation Jean-Jaurès à la Maison de la Chimie les 6 et 7 septembre 2017. Intervention d'Adrien Taquet sur le volet « Image » consacré à « La victoire d'Emmanuel Macron ».

On remarquera que sur les six couleurs secondaires, la moitié relèvent de teintes de bleu. Supériorité numérique, mais aussi hiérarchique : tandis que le vert, le jaune et le rose seront cantonnés aux supports « accessoires » (T-shirts, cartes de visite, etc.), le bleu sera préféré pour toutes les mises en scène du candidat (arrière-fond télévisuel, d'affiche ou de meeting). Or l'historien des couleurs Michel Pastoureau (2000) l'a très bien montré : le bleu, d'abord détesté au Moyen Âge, devient une couleur rebelle dans les années soixante, pour enfin se changer aujourd'hui en une couleur très consensuelle :

> C'est là une des caractéristiques essentielles du bleu dans la symbolique occidentale des couleurs : il ne fait pas de vague, il est calme, pacifique, lointain, *presque neutre*. Il fait rêver bien sûr (pensons de nouveau ici aux poètes romantiques, à la fleur bleue de Novalis, au blues), mais ce rêve mélancolique a quelque chose d'anesthésiant [...]. Le bleu n'agresse pas, ne transgresse rien ; il sécurise et rassemble. (Pastoureau, 2000.) (Nous soulignons.)

On le voit, le bleu est par excellence la couleur du Neutre. La boucle est bouclée : c'est bien l'ensemble de l'identité visuelle et graphique du candidat Macron qui répond à la logique du Neutre-mana.

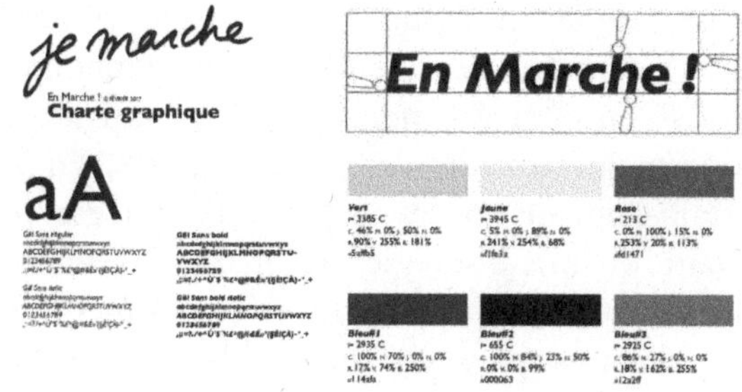

La deuxième identité visuelle :
une mana-isation graphique

*

Ainsi le succès d'Emmanuel Macron en 2017 s'est-il construit sur une utilisation extrêmement habile du potentiel symbolique de la marque politique. En articulant plusieurs niveaux (valeurs, récit, esthétique), la marque politique est en effet un opérateur qui crée une grande cohérence sémiotique. En se fondant sur le Neutre, la marque Macron s'est donné la possibilité d'embrasser des systèmes de valeurs, des récits et des esthétiques très divers, voire opposés. On comprend dès lors comment le candidat Macron a pu articuler des *contraires* sans pour autant apparaître comme *contradictoire*.

Si la marque Macron a si bien fonctionné, c'est qu'elle est entrée en résonance avec les tensions de la société française, comme on l'a vu, mais aussi avec les caractéristiques de la Ve République, et plus précisément celles qui relèvent de la mécanique de l'élection présidentielle. Cet événement procédural et symbolique favorise en effet un moment où un individu se propose de résoudre les conflictualités, en les cristallisant ou en les dépassant. Il n'est pas certain qu'une stratégie de marque politique fondée sur le Neutre aurait si bien fonctionné dans d'autres pays ou dans d'autres systèmes politiques.

2
La marque déréglée : dégénérescence du Neutre

Le Chat, la Belette, et le petit Lapin

Du palais d'un jeune Lapin
Dame Belette un beau matin
S'empara ; c'est une rusée.
Le Maître étant absent, ce lui fut chose aisée.
Elle porta chez lui ses pénates un jour
Qu'il était allé faire à l'Aurore sa cour,
Parmi le thym et la rosée.
Après qu'il eut brouté, trotté, fait tous ses tours,
Janot Lapin retourne aux souterrains séjours.
La Belette avait mis le nez à la fenêtre.
« Ô Dieux hospitaliers, que vois-je ici paraître ? »
Dit l'animal chassé du paternel logis :
« Ô là, Madame la Belette,
Que l'on déloge sans trompette,
Ou je vais avertir tous les rats du pays. »
La Dame au nez pointu répondit que la terre
Était au premier occupant.
C'était un beau sujet de guerre
Qu'un logis où lui-même il n'entrait qu'en rampant.
« Et quand ce serait un royaume
Je voudrais bien savoir, dit-elle, quelle loi
En a pour toujours fait l'octroi
À Jean fils ou neveu de Pierre ou de Guillaume,
Plutôt qu'à Paul, plutôt qu'à moi. »

Jean Lapin allégua la coutume et l'usage.
« Ce sont, dit-il, leurs lois qui m'ont de ce logis
Rendu maître et seigneur, et qui de père en fils,
L'ont de Pierre à Simon, puis à moi Jean, transmis.
Le premier occupant est-ce une loi plus sage?
— Or bien sans crier davantage,
Rapportons-nous, dit-elle, à Raminagrobis. »
C'était un chat vivant comme un dévot ermite,
Un chat faisant la chattemite,
Un saint homme de chat, bien fourré, gros et gras,
Arbitre expert sur tous les cas.
Jean Lapin pour juge l'agrée.
Les voilà tous deux arrivés
Devant sa majesté fourrée.
Grippeminaud leur dit: « Mes enfants, approchez,
Approchez, je suis sourd, les ans en sont la cause. »
L'un et l'autre approcha ne craignant nulle chose.
Aussitôt qu'à portée il vit les contestants,
Grippeminaud le bon apôtre
Jetant des deux côtés la griffe en même temps,
Mit les plaideurs d'accord en croquant l'un et l'autre.
Ceci ressemble fort aux débats qu'ont parfois
Les petits souverains se rapportant aux Rois.

Jean de La Fontaine, *Fables*, 1678.

> « Ceux qui de simples personnes deviennent princes par le moyen seulement de fortune n'ont pas grand-peine à y parvenir, mais beaucoup à s'y maintenir. Et ils ne trouvent pas fort mauvais chemin au commencement, car ils y volent, mais toutes les difficultés naissent après qu'ils sont en place ! »
> Nicolas Machiavel, *Le Prince*, 1532.

On ne le répétera jamais assez : il existe une différence ontologique entre ce qui relève de la conquête du pouvoir et ce qui relève de son exercice. Et Emmanuel Macron, en lecteur de Machiavel, le sait très bien.

Très vite se pose une difficulté d'ordre pratique pour continuer l'analyse : la dissociation d'Emmanuel Macron et d'En Marche !, la séparation de l'homme et du mouvement qui ne formaient pendant la campagne qu'un seul et même corps. Faut-il dorénavant croiser, confronter et mettre en regard leurs sécrétions symboliques respectives ? L'inexistence, ou plutôt la présence fantomatique de LREM, ne règle qu'en partie la question, car l'arrivée au pouvoir s'accompagne d'une multiplication de corps symboliques qui incarnent tous, à des degrés divers, le macronisme : le gouvernement, les députés, les différents porte-parole… Un choix s'imposait :

pour faire l'examen de la marque Macron, nous avons pris le parti de nous focaliser sur Emmanuel Macron lui-même, et non sur ses avatars.

Retour au Neutre : s'il a constitué le cœur de la dynamique du macronisme conquérant, comment s'est-il adapté aux contingences du pouvoir ? Il est certain qu'une fois conquis, le pouvoir pouvait difficilement s'exercer en érigeant l'*esquive* pour principe : *gouverner, c'est choisir*, et il semble bien que tout, du parapheur au communiqué de presse, du pouvoir de nomination à celui de déclarer la guerre, invite à une prise de position qui rendrait intenable toute *fuite* ou tout *glissement*. Autrement dit : une fois à l'Élysée, le Neutre ne pouvait rester tel quel sans risquer son effondrement. Le Neutre devait muter, ce qui bouleverse mécaniquement toute l'architecture de la marque Macron. C'est à l'étude de son dérèglement progressif que cette deuxième partie va à présent se consacrer.

Dégénérescence du Neutre en neutralisation

> « Dans la conquête, il était le renard, rusé et duplice. Une fois élu, il est le lion, explicite, vertical, jupitérien. »
> François Bazin[1].

Élu président de la République, Emmanuel Macron aurait pu incarner la forme apaisée du Neutre : la *neutralité*. Sous la figure de l'arbitre, qui représente et fait appliquer les règles du jeu, il aurait pu développer le potentiel réconciliateur du Neutre en se portant garant d'une libre indépendance ; être celui qui, en toutes circonstances, se fait honneur à ne jamais favoriser aucun camp (*ni l'un, ni l'autre*), aucune faction, aucun intérêt. Délesté des logiques d'appareil, ni champion de la droite ni héraut de la gauche, Macron aurait pu être cette troisième voie *supplémentaire* qui, en organisant la médiation intelligente et harmonieuse entre un bord et l'autre, aurait créé les conditions de la réconciliation d'une nation si profondément

1. François Bazin, cité par Cédric Pietralunga, Bastien Bonnefous et Solenn de Royer, « Emmanuel Macron à l'Élysée, un mois de présidence impérieuse », *Le Monde*, 15 juin 2017.

« archipélisée ». Le tout sans pour autant verser dans la *synthèse*, devenue synonyme d'immobilisme et d'indécision sous le quinquennat Hollande. Au fond, l'élection présidentielle de 2017, inédite à maints égards, aurait pu être un authentique acte de refondation politique, et non, comme le qualifie Jean-Noël Jeanneney (2017), un simple « moment Macron ».

À l'épreuve du pouvoir, Emmanuel Macron a plutôt embrassé la forme conflictuelle du Neutre : la *neutralisation.* De la figure d'arbitre, il n'a retenu que l'exemple du chat Grippeminaud dans la fable de La Fontaine : face à la belette et au lapin qui venaient lui demander d'arbitrer un conflit, il « mit les plaideurs d'accord en croquant l'un et l'autre ». Dès lors, le Neutre n'est plus cet art de l'esquive, mais devient une « violence neutralisante », comme le décrit très bien Louis Marin. Dans *Utopiques : jeux d'espaces* (Marin, 1973), le Neutre est défini comme un *pouvoir de neutralisation* dont tout l'objectif consiste à *neutraliser* les termes adverses. Comme on va le voir, c'est d'abord à cela que correspond l'exercice du pouvoir d'Emmanuel Macron : une vaste entreprise de neutralisation.

Une triple neutralisation

Neutralisation politique, d'abord. Le raz-de-marée de LREM aux élections législatives lui a donné les coudées franches pour s'imposer sans avoir besoin de chercher de compromis avec ses alliés : ainsi le parti est-il allé jusqu'à interdire aux parlementaires de la majorité de cosigner des amendements ou propositions de loi issus d'un autre groupe parlementaire. Tout est fait pour prolonger le plus longtemps possible l'apathie des partis adverses, sonnés par leurs lourdes défaites électorales. Les manœuvres se multiplient pour vitrifier l'opposition et ainsi empêcher l'émergence de toute alternative politique crédible. Pour faire définitivement éclater la droite, Édouard Philippe est nommé à Matignon : il s'y installera avec tous ceux qui comptent dans la galaxie Juppé. À gauche, le braconnage a davantage lieu sur le terrain des idées que sur celui des hommes : le *progressisme* est peu à peu érigé en doctrine officielle du macronisme. La parution, en mars 2019, du « manifeste du progressisme » rédigé par deux proches conseillers d'Emmanuel Macron, Ismaël Emelien et David Amiel (2019), est l'illustration la plus aboutie de cette stratégie de neutralisation politique : dotée de frontières indéfinies, la notion de progressisme brasse large. « C'est un mot fait pour plaire, note Lionel Jospin (2020) dans son dernier livre, très critique envers le président. Qui refuserait de bénéficier du progrès ? » En installant l'extrême droite comme seul et vrai adversaire politique, le progressisme aspire à l'*hegemon* du « camp du Bien ». Quitte à créer des axiologies de toutes pièces, hors de toute logique : le progressisme est ainsi construit non pas en opposition au conservatisme, mais au… nationalisme. Le clip de campagne de LREM aux élections européennes de 2019 est, de ce point de vue, emblématique, en ce qu'il installe une opposition manichéenne entre le camp du mal, le nationalisme, et le camp du bien, le progressisme. Dans la première partie de la vidéo, des images brutales et inquiétantes défilent à un rythme très saccadé, sur une musique lourde et pesante : des migrants secourus dans un bateau, des tanks et des barbelés en Hongrie, un discours de Matteo Salvini, une manifestation d'un parti fasciste à Rome, des images d'émeutes policières réprimées, des inondations… Quitte à piocher dans un répertoire d'images qui ne correspondent pas du tout à la situation européenne : comme l'a révélé l'émission *Quotidien* du 14 mars 2019, le clip contient une image du mur entre les États-Unis et le Mexique. En voix *off*, on reconnaît la voix forte et martiale d'Emmanuel Macron, qui déclame son discours de la Sorbonne prononcé en septembre 2017 :

> Regardez notre époque, regardez-la en face, et vous verrez que vous n'avez pas le choix. Vous n'avez qu'un choix simple, celui de choisir de laisser un peu plus de place à chaque élection aux nationalistes, à ceux qui détestent l'Europe, et dans cinq ans, dans dix ans, dans quinze ans, ils seront là. Nous les avons déjà vus gagner ici !

La Neutralisation politique est à son comble : « Vous n'avez pas le choix »… La deuxième partie de la vidéo est plus optimiste, lyrique et exaltante. Sur un rythme plus lent, avec des transitions plus souples, des images marquantes de l'histoire de la construction européenne défilent : la signature du traité de Rome, la chute du mur de Berlin, la poignée de main entre François Mitterrand et Helmut Kohl… Un enfant court, des jeunes sourient, apaisés et confiants : « Ce que nous espérons est entre nos mains, désirons-le ensemble, pour nous et pour nos enfants », nous murmure Emmanuel Macron.

Neutralisation de la gouvernance, ensuite. Lors de la composition du premier gouvernement d'Édouard Philippe, la nomination de onze ministres ou secrétaires d'État issus de la société civile permet bien sûr d'exhiber l'ouverture tant vantée pendant la campagne. Mais en s'entourant de ministres peu rompus au monde politique (à l'exception notable de Nicolas Hulot), donc peu à même de s'éloigner de leur champ d'expertise, il s'agit surtout d'une stratégie de dépolitisation gouvernementale, le plus sûr moyen de concentrer le pouvoir à l'Élysée. Leur surface politique est mince ? Ce n'est plus un obstacle, mais presque un critère de sélection. À cet égard, la limitation par décret du nombre de conseillers dans les cabinets ministériels (dix pour un ministre, cinq pour un secrétaire d'État), officiellement pour motifs budgétaires, peut en réalité s'appréhender comme une volonté de neutraliser le pouvoir d'action des ministres les plus politiques : disposer d'un cabinet pléthorique, c'est avoir à disposition une petite armée de fidèles capables d'installer un rapport de force et de gagner des arbitrages. Quant à la haute administration, le président Macron a longtemps laissé planer la menace d'un *spoil system* à la française, qui consiste à remplacer aux postes clés les fonctionnaires les plus réticents à sa politique de façon à rendre plus efficace l'application des lois, à l'image de ce qui est en vigueur aux États-Unis à chaque alternance.

Neutralisation médiatique, enfin. À l'inverse de l'ère Hollande, qualifiée de « présidence bavarde », l'arrivée au pouvoir d'Emmanuel Macron s'accompagne d'un contrôle beaucoup plus strict du récit médiatique. Ce dernier dépasse de loin la simple doctrine de la « parole rare » recommandée en son temps à François Mitterrand par le communicant Jacques Pilhan : interdiction faite aux proches de parler aux journalistes afin d'abolir les propos tenus *en off* ; exclusivité des photos privées du couple Macron accordée à « Mimi » Marchand et à son entreprise Bestimage, pour mieux maîtriser la fabrique de son image ; multiplication des restrictions d'accès aux journalistes, jusqu'à vouloir contrôler l'accréditation de ceux qui couvrent chaque déplacement présidentiel ; mélodrame, enfin, autour du projet (finalement abandonné) de déplacement de l'historique salle de presse de l'Élysée, vécu comme une tentative de mise à distance du contre-pouvoir journalistique.

Tous ces exemples répondent à une seule et même logique : à l'épreuve du pouvoir, le Neutre, valeur constitutive de la marque Macron et moteur de sa campagne victorieuse, s'est mué en neutralisation. Si le Neutre pouvait présenter une facette sympathique, emplie d'une certaine espérance, en ce qu'il ouvrait la possibilité d'autres espaces et d'autres discours que le réel avait jusqu'alors tenus pour impossibles, la neutralisation présente un aspect plus sombre et menaçant. Car, au fond, qu'est-ce que neutraliser ? C'est d'abord amoindrir, atténuer une force en annulant son effet ; c'est aussi empêcher d'agir par une action contraire, en allant jusqu'à organiser la paralysie. Là où le Neutre permettait, ouvrait et rendait possible, la neutralisation empêche, ferme et verrouille : c'est en cela qu'on peut parler d'une *dégénérescence* du Neutre.

Installer la neutralisation au cœur de la marque Macron-président, c'est postuler qu'elle en constitue le principe d'organisation, la règle d'action, et même la vision du monde. Cette transformation du Neutre en neutralisation est lourde de sens : parce qu'elle construit le niveau axiologique, la neutralisation n'est pas une simple *conséquence*, comme l'ont parfois analysé les commentateurs politiques, mais constitue la *cause* motrice de la mutation du candidat en président. Toute la question est de savoir quels sont les impacts sur les deux autres niveaux de la marque Macron. Pour rappel, la marque Macron-candidat, construite sur le Neutre, en développait le projet dans la mise en récit (sous la figure du mythe, récit de résolution des contraires) et dans la mise en signes (sous la figure du mana, forme vide capable de recevoir n'importe quel signifié). De la même manière, la dégénérescence du Neutre en neutralisation se retrouve-t-elle aux niveaux narratif et esthétique de la marque Macron-président ?

Du mythe-résolution au mythe-neutralisation

Installé à l'Élysée, Emmanuel Macron n'a pas renoncé au mythe comme façon de se mettre en récit, mais il en a exploré d'autres figures, d'autres modalités, d'autres fonctions. De la conquête à l'exercice du pouvoir, il est passé d'une conception du mythe comme *récit de résolution* au mythe comme *récit de neutralisation*: si Claude Lévi-Strauss était le maître théoricien de la première, c'est Roland Barthes qui s'impose pour la seconde. Dans ses *Mythologies*, le sémiologue explique que le principe même du mythe est de *transformer le culturel en naturel*. Du catch au bifteck-frites, du Tour de France à la Citroën DS, il montre que le mythe est profondément vécu comme une « parole innocente », car il parvient à faire passer pour une vérité éternelle ce qui relève en réalité d'une construction sociale :

> Le mythe ne nie pas les choses, sa fonction est au contraire d'en parler. Simplement, il les purifie, les innocente, les fonde en nature et en éternité, il leur donne une clarté qui n'est pas celle de l'explication mais du constat. (Barthes, 1957.)

Pour ce faire, le mythe supprime toute dialectique, organise un monde sans contradictions, et pour que les choses aient « l'air de signifier toutes seules », il se construit en « parole dépolitisée ». « La fin même des mythes, conclut Barthes (*ibid.*), c'est d'immobiliser le monde » : on a ici la parfaite définition d'une entreprise de neutralisation narrative.

Une première figure de mythe-neutralisateur très en vogue dans les débuts de la Macronie est celle du « nouveau monde ». Qu'un dirigeant récemment élu cherche à marquer la rupture avec son prédécesseur, la chose est vieille comme la politique. La nouveauté, c'est que cette métaphore proprement *démiurgique*[1] est l'expression d'un projet politique qui vise à rendre inopérant, et même illégitime, le conflit ancestral entre la droite et la gauche. Par cette expression, Emmanuel Macron cherche à rendre caduc le combat d'idées et de valeurs qui a structuré le débat démocratique depuis près de trois siècles. Comme l'écrit Alexandre Viala, professeur de droit public à l'université de Montpellier[2] :

> Le discours macronien consistant à substituer au clivage gauche-droite la frontière entre l'ancien et le nouveau monde relègue dans le temps une opposition qui n'occupe désormais plus l'espace. Celle-ci n'est plus à droite ni à gauche. Elle est d'hier, et le nouveau pouvoir fait tout pour se présenter, à l'image du progrès scientifique, comme tourné vers le futur.

On mesure l'habileté politique : le mythe du nouveau monde permet à coup sûr de ringardiser ses adversaires politiques, d'échapper à la controverse démocratique en donnant le sentiment d'être l'expression de l'objectivité et d'imposer l'évidence de sa vision du monde, présentée comme pure logique. La neutralisation par la dépolitisation : ce que le mythe du nouveau monde recouvre, c'est le fantasme de

1. Le Littré définit le démiurge comme « le nom donné par les platoniciens à l'intelligence créative » : il est la divinité qui donne forme à l'univers.
2. Alexandre Viala, « Le macronisme, ou le spectre de l'épistocratie », *Le Monde*, 18 octobre 2017.

l'épistocratie (le pouvoir confié aux savants). Toujours selon Alexandre Viala, qui a contribué à populariser en France ce concept très présent dans la philosophie politique anglo-saxonne :

> Tout se passe comme si le pouvoir était capable d'adopter les « bonnes décisions », cautionnées par la Raison. Cette illusion cognitiviste – au terme de laquelle le politique serait en mesure de connaître la réponse juste – est le moteur de l'idéal épistocratique, qui s'évertue à soustraire le gouvernant, réputé connaître et non vouloir, à l'épreuve de la discussion[1].

On peut en identifier quelques formes très concrètes dans les premiers moments du macronisme au pouvoir : la fausse évidence de nommer une chercheuse au ministère de la Recherche, une médecin au ministère de la Santé et une ancienne médaillée olympique au ministère des Sports. Plus frappant encore, la volonté de Jean-Michel Blanquer, ministre de l'Éducation nationale, de recourir aux sciences cognitives pour valider ou invalider les conceptions pédagogiques qu'il entend défendre. Si le « nouveau monde » est un mythe neutralisateur, c'est qu'il aspire à fonder en nature le projet politique d'Emmanuel Macron, parant sa vision du monde des habits de l'objectivité et du consensus rationnel.

Une deuxième figure de mythe-neutralisateur est la référence, omniprésente dans les premiers mois, au « président jupitérien ». En lui-même,

1. *Ibid.*

Jupiter évoque bien la neutralisation : dans la mythologie romaine, il est maître de l'univers, le dieu des dieux, celui dont la foudre s'abat sur quiconque ose dépasser le cadre fixé. Mais le vrai coup de force du mythe Jupiter réside dans la naturalisation dont il a médiatiquement fait l'objet : à rebours de l'époque, éprise de proximité, d'horizontalité et de transparence, la « présidence jupitérienne » – et tout ce qu'elle implique de distance, de verticalité et de mystère – a été présentée comme la façon la plus naturelle d'exercer le pouvoir. C'est à cette fin qu'ont servi la réutilisation du « pupitre Jupiter » de Mitterrand et la filiation tissée avec le général de Gaulle : fonder en nature la présidence Jupiter. Le recours au mythe est un retour aux sources et sert d'ultime argument d'autorité. Dans un premier temps, du moins, Jupiter semble pouvoir devancer toute objection, contrer toute critique. Le renvoi du général de Villiers ? Jupiter. L'absence complète d'entretiens accordés à la presse française lors des premiers mois ? Jupiter encore. Les fastes de Versailles pour recevoir Poutine ? Jupiter toujours. Le mythe est d'autant plus efficace qu'il se double d'un discours sur la maîtrise du temps. Tout récit mythique est toujours le moyen d'échapper au temps du profane : « Un mythe arrache l'homme de son temps à lui, de son temps individuel, chronologique, historique », écrivait l'historien Mircea Eliade (1952). Cette dimension temporelle du mythe, Emmanuel Macron l'a renforcée et même redoublée par la métaphore du « Maître de l'Horloge ». Quelle meilleure façon d'échapper à la « dictature de l'urgence » que de se construire dans une autre temporalité ? Quelle meilleure façon de neutraliser l'espace politico-médiatique que d'imposer au monde sa propre cadence[1] ? Quitte à avoir la main trop lourde, parfois : on se souvient de l'épisode de la nomination d'Édouard Philippe à Matignon, épuisant les chaînes d'information en direct à force d'annoncer « dans les minutes à suivre » une nomination qui intervint après plus de sept heures d'antenne.

La neutralisation esthétique

Ce qui prédominait dans l'esthétique de la marque Macron-candidat et dans la forme mana qui la caractérisait, c'était l'importance accordée à la *sémantique*, *i.e.* à la signification des signes émis (et, dans son cas, à leur capacité à embrasser un large spectre de signifiés). Une fois au pouvoir, l'esthétique de la marque Macron opère un glissement de la *sémantique* à la *pragmatique*[2] : ce qui importe, c'est moins le *contenu* du message que la *relation* qu'il établit avec autrui ; ce

1. Étudiant la manière dont les monastères parvenaient à synchroniser le rythme de vie de leurs moines, combinant solitude et vie collective, indépendance de l'individu et appartenance au groupe, Roland Barthes (2002) a théorisé la capacité à imposer au monde sa propre cadence sous le terme d'« idiorythmie », du grec *idios* (« propre, particulier ») et *rhuthmos* (« rythme »).

2. En linguistique, la sémantique s'intéresse à la signification des signes, à leur relation avec leurs référents. La pragmatique s'intéresse au rapport entre les signes et leurs utilisateurs : elle décrit l'usage, l'effet de ces signes sur leurs interlocuteurs.

qui est recherché, c'est l'effet produit plutôt que le sens transmis. Ce « tournant pragmatique » intervient dès le soir de son élection : du discours du Louvre, tout le monde garde en tête son impressionnante mise en scène – la déambulation solitaire, l'hymne européen, le décorum de la pyramide en arrière-fond. Mais qui se souvient encore de ce qui a été prononcé ? De même pour sa première rencontre avec Trump, et de l'effet de franche virilité que sa poignée de main dégageait ; ou encore de son allocution depuis la colline de la Pnyx, à Athènes, dont on retient la vue spectaculaire sur l'Acropole et le sentiment, savamment construit, que le président français s'inscrivait alors dans la continuité d'une histoire européenne plurimillénaire. Ainsi, les premiers mois d'Emmanuel Macron au pouvoir répondent à une esthétique qui, sans bien sûr abandonner tout travail sur l'*émission* du message, s'attache désormais davantage à construire les conditions de sa *réception*. Une réception qui a la caractéristique de ne plus être ouverte et polysémique, comme durant la campagne, mais au contraire guidée et contrainte.

Avec du recul, il est frappant de constater l'extrême homogénéité des interprétations : à l'époque, peu d'analyses journalistiques et peu de commentaires politiques divergent. Comme si les diverses mises en scène du pouvoir téléguidaient tout le monde vers un effet choisi à l'avance. La raison en est simple : l'esthétique macronienne s'est faite puissance de neutralisation. Elle réduit le citoyen au rôle de spectateur et l'assigne à une place dont il ne peut bouger. Les travaux de la philosophe et spécialiste des images Marie-Josée Mondzain (2002) ont montré que la violence du visible, que ce soit sous la forme d'une image ou d'un spectacle, réside davantage dans la distance critique laissée ou non au spectateur que dans le contenu véhiculé. Dans cette optique, tout producteur d'images a une immense responsabilité : celle de définir la place du spectateur vis-à-vis de l'image.

> Plus cette place sera construite dans le respect des écarts, plus les spectateurs seront en mesure de répondre à leur tour d'une liberté critique dans le fonctionnement émotionnel du visible. (Mondzain, 2002.)

À l'inverse, plus cette place est niée, plus le spectateur vit son rapport à l'image sur un mode fusionnel, et plus il est maintenu dans une « inaptitude symbolique » qui abolit toute pensée et tout jugement. Il en va ainsi de l'esthétique de la marque Macron-président : mutant en force de neutralisation, elle s'efforce d'imposer un régime univoque d'interprétation.

Relève-t-elle pour autant d'un exercice de propagande ? *A priori*, il y aurait une forme de logique à ce qu'une entreprise de neutralisation s'accompagne d'un « effort organisé pour propager une croyance ou une doctrine particulière[1] ». Mais ce n'est pas le cas ; et là réside une clé de

1. C'est la définition de la propagande qu'a donnée Edward Bernays, neveu de Freud et père fondateur des relations publiques, dans son ouvrage à succès *Propaganda* (1928).

compréhension du macronisme au pouvoir. Paradoxalement, toute propagande suppose une forme de politisation de la population : cette dernière constitue alors une masse à conquérir et surtout à convaincre, et son obéissance est le fruit d'un geste qui doit sans cesse être renouvelé. Ce qui est frappant dans les mois qui succèdent l'installation d'Emmanuel Macron à l'Élysée, c'est qu'il agit comme si tout s'imposait naturellement. Commentant ses premiers pas, on a beaucoup glosé sur sa *quête d'autorité*, alors qu'il n'y a tout simplement pas eu quête : dès le départ, elle était présumée acquise. Dans les pas de l'historien Paul Veyne (2002), c'est plutôt *de stratégie d'apparat* qu'il faudrait parler. Si « la propagande vise à convaincre, à faire croire », écrit-il, l'apparat en est le symétrique inversé : avec ses monuments, ses cérémonies et ses fastes en tout genre, l'apparat « manifeste la splendeur du souverain, à laquelle ses sujets étaient présumés croire d'avance ». En définitive, « on fait de la propagande afin de devenir dictateur ou de le rester, tandis que l'apparat est déployé *parce qu'*on est le roi » (*ibid.*). Chassons par avance toute polémique : Macron n'est pas plus roi que dictateur. Mais notre système démocratique, hyper-présidentiel, n'exclut pas la stratégie d'apparat, loin s'en faut. De fait, les premiers mois de Macron au pouvoir ont vu les mises en scène d'apparat se multiplier. Elles sont autant de manières d'écraser l'espace politique sous un imposant appareillage symbolique : ainsi de la remontée des Champs-Élysées dans un véhicule militaire, des fastes de la visite de Poutine à Versailles ou du discours martial tenu devant les parlementaires réunis en Congrès. Ce faisant, on retrouve la caractéristique du mythe neutralisateur relevée précédemment : plus encore que la propagande, qui suppose que les esprits restent à conquérir, l'apparat est la forme esthétique la plus à même de *naturaliser* l'exercice du pouvoir.

Pour anecdotique qu'il soit, un fait illustre parfaitement la dégénérescence du Neutre en neutralisation : la disparition du « en même temps » du discours de Macron-président. Expression fétiche pendant sa campagne, elle était l'illustration sémantique de la forme-mana qui permettait une démarche de conciliation. « "En même temps", ça signifie que l'on prend en compte des impératifs qui paraissaient opposés mais dont la conciliation est indispensable au bon fonctionnement de la société », expliquait Emmanuel Macron lors de son meeting de Bercy (17 avril 2017). Une étude logométrique agrégeant les 64 prises de parole de ses sept premiers mois à l'Élysée[1] a mesuré que la récurrence de l'expression « en même temps » avait été divisée par 13, passant de 3,27 occurrences à 0,24 pour 1000 mots. En réalité, c'est le discours tout entier et la langue elle-même du président Macron qui se sont transformés. Maniant jusqu'ici la langue du Neutre et sa « rhétorique de la neutralité » qui lui était associée, le président en est venu à manier la langue de

1. « Le poids des mots du président », *Paris Match*, en partenariat avec l'université Sophia-Antipolis, <https://www.parismatch.com/Le-Poids-des-Mots>.

la neutralisation, adoptant ce que le linguiste Damon Mayaffre appelle la « langue nominale » et sa « rhétorique du nom ». Sa langue s'est technicisée *via* des formulations qui, rares dans la bouche du candidat, sont devenues omniprésentes dans celle du président : « la réalité des situations des collectivités territoriales », « la loi d'orientation des mobilisés », « le taux de retour de l'emploi durable », etc. Grammaticalement, les compléments de nom se succèdent en cascade, ce qui a pour effet de figer et de techniciser le débat en le rendant proprement incompréhensible (ou pire, en le faisant passer inaperçu). Sa langue s'est jargonisée autour de termes qui restent bien souvent opaques pour le grand public (APB, REP+, ALUR, UNEDIC, AMF…), ce qui a pour effet, toujours selon Damon Mayaffre (2021), « d'euphémiser la confrontation politique pour réduire le discours à la manipulation de notions et de sigles dont le but semble de réifier les rapports sociaux ». La langue de la neutralisation a ceci de puissant qu'elle permet de « se soustraire aux jugements axiologiques ou idéologiques du bien et du mal, du juste et de l'injuste, du vrai et du faux, et d'éviter la contradiction politique derrière un allant-de-soi qui tire sa force de la langue » (*ibid.*).

*

À l'épreuve du pouvoir, la marque Macron a donc vu son niveau axiologique se durcir : son principe directeur, le Neutre, a dégénéré en neutralisation, entraînant dans le même mouvement les niveaux narratif et esthétique. Mais le *control freak* a ses limites ; très vite pointent les premiers signes du dérèglement de la marque Macron.

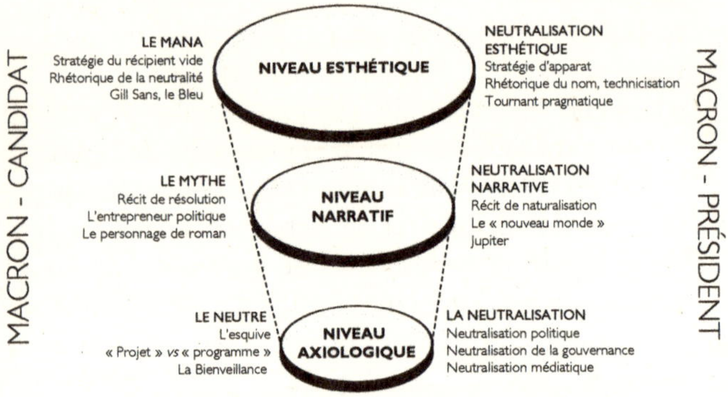

Les trois niveaux de la marque Macron : de Macron-candidat à Macron-président

Le dérèglement de la marque Macron

> « Oh ! que ne suis-je un dérisoire roi de neige,
> Exposé au soleil de Bolingbroke
> Pour me fondre tout en eau ! »
> SHAKESPEARE, *Richard II*, 1595.

Jusqu'ici, la construction de la marque Macron s'est caractérisée par la perpétuation d'une forte cohérence sémiotique. En passant du neutre à la neutralisation, « tout se tient », sur le plan axiologique comme sur les plans narratif et esthétique. La solidité sémiotique se traduit en solidité politique : de fait, pendant un an Emmanuel Macron marche sur l'eau – l'opposition est inaudible, les réformes sont menées tambour battant, et le président jouit d'une belle aura internationale. Si la relation de cause à effet est toujours difficile à établir, on peut cependant remarquer que les difficultés politiques rencontrées par Emmanuel Macron se sont accompagnées d'un dérèglement de sa marque politique.

Ce dérèglement a d'abord pour origine une mise en crise du Neutre par Emmanuel Macron lui-même. Qu'il soit pensé comme esquive ou comme force, le Neutre a un important présupposé, qui constitue aussi sa plus grande faille : ses rouages, son mécanisme et son intention ne doivent jamais être dévoilés. Un peu comme le magicien dont les tours cessent de fonctionner à l'instant même où il dévoile ses secrets, la puissance du Neutre est étroitement liée à sa capacité à œuvrer en creux, dans l'ombre, à l'abri des regards : c'est la condition pour être en capacité de répéter le geste de l'esquive ou de fonder le pouvoir en nature. Autrement dit, le bon fonctionnement du Neutre relève davantage du silence que du discours sur lui-même, de l'ellipse que du sous-titre. Parler de lui, c'est en annuler l'effet. C'est pourtant ce qu'Emmanuel Macron lui-même et son entourage ensuite se sont évertués à faire – par péché d'intellectualisme pour l'un, par zèle courtisan pour les autres. C'est le cas du mythe Jupiter : à force d'en parler à tort et à travers et de le servir matin, midi et soir, son aura s'est mécaniquement affaiblie. L'expression même de « président jupitérien » s'est affaissée et a fini par lasser : vraie « métaphore vive » (Ricœur, 1975) à l'origine, au sens d'une émergence langagière, elle est peu à peu devenue une « métaphore morte », victime de ses répétitions abusives. En réalité, au-delà du seul discours c'est plus largement l'ensemble du niveau esthétique de la marque Macron qui a entraîné son dérèglement, au travers d'un mécanisme qui constitue à la fois une tentation permanente et un danger mortel pour toute représentation du pouvoir : la « sécession esthétique ».

Sécession esthétique

Affaiblie en sa base axiologique (le Neutre), la marque Macron s'est réellement déréglée à partir de son sommet. Des trois niveaux de la marque, on constate en effet que le niveau esthétique s'est brutalement disjoint des deux autres pour fonctionner en toute indépendance, voire en totale roue libre. Ce qui est inquiétant, ce n'est pas tant ce qu'on pourrait appeler l'*incohérence externe*, à savoir l'incongruité issue de manifestations esthétiques qui, mises côte à côte, envoient des messages contradictoires[1]. En réalité, le vrai danger, celui dont les répercussions sont à la fois plus profondes et plus durables, c'est plutôt l'*incohérence interne*, c'est-à-dire le désalignement des niveaux esthétique et narratif. Quand on brusque l'esthétique, quand on impose le symbole par le haut, on risque toujours de perdre le fil narratif. Ainsi de Macron jouant le rôle du récitant à l'Élysée dans le conte musical de *Pierre et le Loup*, de Prokofiev : que ressentir, si ce n'est une vague gêne, devant la comparaison lourdement sous-entendue avec les ballets de Louis XIV ? La mise en scène va plus vite que la musique, et l'absence de tout récit puissamment ancré

---

1. Par exemple, les commentateurs politiques ont beaucoup glosé sur le mélange des genres causé par le recadrage sévère d'un collégien, au Mont-Valérien, qui avait appelé le président « Manu », et le spectacle de *voguing* qui s'est tenu à l'Élysée quelques jours plus tard à l'occasion de la Fête de la musique. Il est vrai que l'écart est grand entre la réprimande à la François Bayrou et la décontraction à la Obama.

autorise toutes les interprétations, y compris les plus défavorables. L'esthétique s'adonnant à une échappée solitaire, le peloton se trouve obligé, à la hâte, de proposer un semblant de contenu narratif. C'est ainsi qu'on peut interpréter les propos proprement délirants tenus par le porte-parole Bruno Roger-Petit, qui s'est mis à peindre le président en roi thaumaturge : « Pour lui, le toucher est fondamental, c'est un deuxième langage, explique-t-il sur le ton de la confidence[1]. C'est un toucher performatif : “Le roi te touche, Dieu te guérit. » Il y a là une forme de transcendance. »

D'une certaine manière, la sécession esthétique de la marque Macron a été d'autant plus encouragée que l'infraction à la règle de la solidarité sémiotique (tout changement esthétique doit nécessairement traduire un changement axiologique) lui a permis de réels coups d'éclat. Digne des plus beaux détournements publicitaires, le « *Make our planet great again* » lancé en réponse à la décision de Trump de se retirer de l'accord de Paris, a connu un franc succès international (plus de 367 000 retweets, un record en France). Là est le piège tendu à tout manipulateur de symboles : gare aux victoires faciles qui préparent de lourdes défaites. De fait, la construction d'un charisme écologique à portée internationale, pour habile qu'elle ait été pour incarner un face-à-face avec Trump, a des effets

1. Bastien Bonnefous et Solenn de Royer, « Emmanuel Macron, un an de présidence impérieuse », *Le Monde*, 5 mai 2018.

ravageurs lorsque, dans un violent effet boomerang, on prend conscience de son inconsistance.

Si Emmanuel Macron a si facilement cédé à la sécession esthétique, c'est qu'elle lui a permis d'ouvrir les possibles : la prise de conscience de la puissance de l'esthétique s'accompagne d'un formidable mouvement de liquidation des limites. Libérée de toute règle et de toute contrainte, l'esthétique est alors confrontée à deux écueils : l'*hubris*, dont la démesure risque de crisper, et le *fake*, dont l'inauthenticité expose à créer une distance. L'une des caractéristiques marquantes de l'esthétique de Macron au pouvoir a pourtant été d'en réaliser l'improbable synthèse, sous la forme du kitsch. Défini par Abraham Moles (2016 [1971]) comme un « système esthétique de communication de masse », le kitsch s'illustre en effet à la fois dans le « rien de trop » (principe d'adaptation au plus grand nombre), et dans le « toujours plus » (principe de surenchère). Le kitsch – cette « traduction de la bêtise des idées reçues dans le langage de la beauté et de l'émotion », pour reprendre les mots de Milan Kundera (1986) – réussit en effet le tour de force d'être l'expression d'un excès dont il refuse pourtant le principe. Cas d'école : les funérailles de Johnny Hallyday. Voulant participer à « l'émotion populaire », le président Macron adopte ce qu'il faut de recueillement et de pudeur devant l'église de la Madeleine. Dans le même temps, il entre dans une course au panégyrique : « Johnny était beaucoup plus qu'un chanteur, c'était la vie », « c'était une part de nous-mêmes, c'était une part de la France », « c'est un destin français ». En parlant de Johnny comme d'« une force qui va », en référence à *Hernani*, le président va jusqu'à dresser le parallèle entre les funérailles de celui-ci et celles de Victor Hugo en 1885. Drôle de sensation de pastiche que cette volonté, somme toute très artificielle, de créer à tout prix des ponts historiques, comme si la référence à de grandes figures du passé pouvait automatiquement donner de l'épaisseur au moment présent.

Ce qui est certain, c'est qu'une esthétique tournée sur elle-même, déconnectée de toute architecture narrative et de tout système de valeurs, cède toujours à la tentation de se croire *performative*[1]. Erreur : un symbole n'imprime jamais seul ; une esthétique ne fonctionne jamais que solidement amarrée à un récit et à une vision du monde sous-jacente. Il ne faut jamais oublier que la communication octroie certes des pouvoirs, mais entraîne aussi des devoirs : une marque ne fonctionne qu'à la condition de respecter un certain nombre de contraintes et de règles, comme celle de la cohérence dans le temps. En cédant aux attraits faciles de la sécession esthétique, Emmanuel Macron a multiplié les actes symboliques manqués. Or une symbolisation manquée constitue certainement l'un des plus grands risques pour un pouvoir, quel qu'il soit : un symbole qui ne *performe* pas, *i.e.* un symbole qui ne parvient pas à déplacer la relation du gouverné à la réalité elle-même, c'est un symbole

1. Au sens des philosophes du langage qui entendent par « performatif » *l'efficacité réelle des gestes symboliques*.

qui révèle la nudité du pouvoir, prélude à sa contestation. « Dénuder le pouvoir, le dépouiller de ses habits qui n'existent pas, écrit le psychanalyste Roland Gori (2018), ouvre à la révolte et à l'insurrection. Si le pouvoir est nu, tous et tout un chacun, nous pouvons le prendre ». C'est en cela qu'on peut dire que la sécession esthétique a préparé, au moins sur le plan symbolique, le mouvement des Gilets jaunes.

Le neutralisant neutralisé

Placé au cœur du niveau axiologique de la marque Macron, le Neutre (comme sa version dégénérée, la neutralisation) s'est constitué en système de représentation du monde. Cela signifie que les rapports d'Emmanuel Macron au réel, au symbolique et à l'imaginaire ont tous été dictés par cette logique du Neutre. Une fois les effets neutralisants dissipés, cela signifie aussi que d'autres représentations du monde concurrentes peuvent émerger et s'y opposer frontalement. Comme l'a montré le sémiologue Daniel Bougnoux (2006), il y a crise de la représentation « à chaque fois qu'un code établi de mise en présence et d'ordonnance des signes rompt avec la bienséance et se trouve échangé contre un autre, généralement jugé plus conforme au *réel* », et ce aussi bien dans la sphère artistique que dans la sphère politique. Et si le mouvement des Gilets jaunes était d'abord cela : la revendication d'une autre représentation du monde, « plus conforme au réel » ? Pour ce faire, les Gilets jaunes ont réussi un acte aussi rare que fondateur : réaliser ce que le philosophe Jacques

Rancière appelle un nouveau « partage du sensible », c'est-à-dire un nouveau « découpage des temps et des espaces, du visible et de l'invisible, de la parole et du bruit » (Rancière, 2000). De fait, du gilet jaune fluo à l'occupation des ronds-points, des Facebook Live aux scènes d'émeutes sur les Champs-Élysées, de Jacline Mouraud à Éric Drouet, c'est tout un pan de la société française, jusqu'ici relégué, inaudible et invisible, qui a fait acte d'existence… et de dé-neutralisation. Cet acte est éminemment politique, car qu'est-ce que la politique si ce n'est, comme l'écrit Jacques Rancière, agir « sur ce qu'on voit et sur ce qu'on peut en dire, sur qui a la compétence pour voir et la qualité pour dire » (*ibid.*) ?

Ce qui est frappant, et ce qui explique pourquoi ce mouvement a tant tétanisé le pouvoir, c'est que ce nouveau partage du sensible s'est construit en *parfait miroir* de la marque Macron. En miroir, parce que le mouvement des Gilets jaunes baigne dans un même inconscient politique, tout en procédant à une logique d'inversion – tant dans son expression que dans son mode d'action.

Un même inconscient politique, d'abord. L'analyse a de quoi surprendre ; et pourtant, quand on y regarde de près, on peut constater qu'En Marche ! et les Gilets jaunes partagent la même volonté de dépasser le clivage droite/gauche, le même désir d'exercer une démocratie directe en court-circuitant les corps intermédiaires, et la même réticence vis-à-vis du filtre exercé par les médias traditionnels (d'où une utilisation massive des réseaux sociaux). Lorsque les militants macronistes appellent à déverrouiller les blocages de la société et à s'élever par le travail, ils ne sont pas radicalement opposés aux revendications des Gilets jaunes, qui aspirent à mieux vivre de leur travail et à jouir des promesses (y compris consommatoires) de la société. Tous partagent la même demande de liberté individuelle et suivent la même quête d'autonomie, ce qui fait dire au sociologue Denis Maillard qu'Emmanuel Macron et les Gilets jaunes sont deux créatures politiques issues d'une même mutation de la société française : celle qui voit l'avènement d'une « société de marché », à savoir :

> une société fluide où chaque individu serait assuré de disposer des mêmes chances de conduire sa vie comme il l'entend pour tenir sa place dans une compétition sociale acceptée comme telle. (Maillard, 2019.)

Dans *Une colère française*, le sociologue voit dans le rond-point la métaphore absolue de cette société de marché, en ce que le *carrefour à sens giratoire* induit une nouvelle manière de conduire qui matérialise l'autonomie et la fluidité – deux thèmes éminemment macronistes – :

> *Exit* la priorité à droite, place à la priorité de ceux qui sont déjà engagés dans l'anneau ; place à la fluidité d'un mouvement où s'équilibrent spontanément les divers protagonistes. La règle (priorité à droite, arrêt au feu ou au stop), observée voire sanctionnée par la gendarmerie, est troquée contre la promotion d'un symbole de liberté permettant de ne jamais vraiment s'arrêter en s'insérant dans un flux continu. (*Ibid.*)

Une logique d'inversion systématique, ensuite. Cela vaut dans le rapport au temps (expression d'une urgence, ici et maintenant, *vs* recherche du temps long, de l'inscription dans l'Histoire) comme dans le rapport au réel et à l'espace (« utopies politiques locales », *dixit* Laurent Jeanpierre (2019) *vs* pragmatisme d'un projet qui cherche à dépasser le strict cadre national). Inversion, aussi, dans le rapport au récit et dans la manière de le restituer : à la logique mythique et au sacré que la marque Macron charrie au travers de mises en scène très travaillées, les Gilets jaunes opposent la dureté du monde et les limites du réel. Les pages Facebook de soutien au mouvement regorgent de témoignages de galères du quotidien, de fins de mois difficiles, de trajets à rallonge pour gagner son lieu de travail. Autant de réalités du profane retranscrites dans des formats bruts, sans montage, diffusés en direct : ainsi du succès des vidéos de Rémy Buisine sur le média en ligne *Brut*. Inversion, pour finir, dans l'ordre esthétique. Ordre contre désordre, roi contre bouffon (au sens anthropologique du perturbateur[1]), le bleu du consensus contre le jaune du dissensus… En définitive, les Gilets jaunes se construisent en anti-Neutre, aussi bien narrativement qu'esthétiquement. Dans les différents

1. Georges Balandier, dans *Le pouvoir sur scènes* (2006), décrit la figure du bouffon comme celui qui a la fonction de « révéler spectaculairement ce que cache la façade des sociétés, de montrer le désordre masqué par l'ordre, de faire surgir dramatiquement le mouvement qui échappe à la domestication par les structures, les institutions et les mœurs ».

actes de mobilisation hebdomadaire, certains ont relevé que toute la production visuelle et discursive (slogans, tags, banderoles et pancartes que recense par exemple le Tumblr *La Rue ou rien*) relevait d'une « poétique du détournement[1] » :

– Détournement d'expressions : « La vie en jaune ! », « Le fond de l'air est jaune » ;
– Détournement d'axiomes célèbres : « On ne naît pas casseur, on le devient », « On pense, donc on ne vous suit plus » ;
– Détournement de slogans publicitaires : « *Insurrection, what else ?* », « Un parfum de victoire » ;
– Détournement de répliques cultes (« J'avais d'beaux yeux, tu sais »), mais aussi de phrases d'Emmanuel Macron lui-même : « L'insurrection, c'est nooootre projet », « Parce que c'est notre rejet ».

Là où le geste esthétique du mouvement des Gilets jaunes porte un coup fatal au macronisme, c'est qu'il se construit sur des références qui lui sont diamétralement opposées : aux références « élitistes » du pouvoir, empreintes de philosophie hégélienne (la « chouette de Minerve » citée par le président à Athènes) et de concepts abscons (« l'itinérance mémorielle » pour commémorer la Première Guerre mondiale), les manifestants, eux, s'ancrent dans la pop culture

1. Selon l'expression de l'universitaire Denis Saint-Amand. Les exemples qui suivent sont issus de son article « "Parce que c'est notre rejet" : poétique des Gilets jaunes », *AOC Média*, 1er février 2019.

de l'époque, en jouant sur des référents culturels largement partagés : les séries (« Gilets jaunes *is coming* » ; « *Yellow is the New Black* »), la musique (« Une étincelle brille entre deux explosions », extrait de *Novembre*, du groupe Odezenne, « Sapé.e.s comme jamais », de Maître Gims), et la culture internet (« Qu'est-ce qui est jaune et qui n'attendra plus ? »).

En définitive, la force du mouvement des Gilets jaunes est d'avoir retenu la leçon de La Fontaine : pour renverser un pouvoir fort, il faut le prendre à son propre piège, et trouver le moyen de retourner sa force contre lui-même. Face au monarque absolu, qui puisait sa force de gouvernement dans la puissance de ses récits, les fables se sont révélées être de redoutables contre-pouvoirs. Face à la marque Macron, il fallait proposer une sorte de « contre-marque » qui en retournait chacun des éléments narratifs et esthétiques. Dès lors, le neutralisant devient neutralisé, précipitant d'autant la défaite culturelle du macronisme.

La défaite culturelle du macronisme

> « Ne serait-il pas
> Plus simple pour le gouvernement
> De dissoudre le peuple
> Et d'en élire un autre ? »
> Bertolt Brecht, *La Solution*, 1953.

À ses origines, En Marche ! se rêvait en puissant courant de société : un mouvement neuf, moderne, dans l'air du temps, aux prises avec des problèmes de la société que les partis traditionnels laissaient de côté, comme la libéralisation du transport par autocar ou le droit aux allocations chômage du salarié démissionnaire. La promesse était claire : Emmanuel Macron serait porteur d'un large renouveau, changeant à la fois la façon de faire de la politique, le rapport de la France à la mondialisation et la relation des Français à l'avenir. Plus que tout, Emmanuel Macron portait la promesse de réconcilier le pays avec sa passion déçue : la politique. D'une certaine manière, le macronisme naissant était un *gramscisme à l'envers*. Antonio Gramsci, membre fondateur du parti communiste italien, avait théorisé que les victoires électorales passaient toujours, d'abord, par des victoires culturelles : pour gagner le pouvoir, il fallait d'abord gagner le combat des idées. Emmanuel Macron, lui, a intuitivement pensé faire l'inverse : c'est sa victoire électorale qui lui permettrait, dans un second temps, de mener une bataille culturelle à même de reconfigurer profondément le rapport que les Français entretiennent avec la politique. Au fond, la bataille culturelle que portait Macron en 2017, c'était la réconciliation des 63 % de Français qui déclaraient, en décembre 2016, n'avoir confiance « ni dans la droite ni dans la gauche pour gouverner le pays[1] ». Pour y parvenir, Emmanuel Macron pouvait compter sur une foi inébranlable en ses capacités de conviction, gages selon lui d'une transformation apaisée du pays. « Il est sûr que le réel se pliera de bonne grâce à sa volonté dès lors qu'elle s'exprime », dit de lui François Hollande dans ses *Leçons du pouvoir* (2018). Entre-temps, force est de constater que le réel s'est rappelé à lui : le 14 novembre 2018, s'exprimant depuis le porte-avions *Charles-de-Gaulle*, Emmanuel Macron reconnaissait, dans un rare élan de franchise : « Il y a une chose que je n'ai pas réussi à faire : réconcilier le peuple français avec ses dirigeants. » Comment comprendre que la bataille culturelle qu'il entendait mener se soit soldée en une si franche défaite ?

1. Baromètre de la confiance politique, Cevipof, vague 7. En janvier 2019, la proportion atteignait 71 % de la population.

L'illusion horizontale

On a tendance à l'oublier aujourd'hui, mais En Marche ! était la promesse d'une refondation par le bas : c'était là tout l'objet des milliers de comités qui ont irrigué l'ensemble du territoire, animés par des citoyens ravis de pouvoir s'investir dans la vie de la Cité. À l'époque, le bon *benchmark* pour les stratèges du président, c'était la campagne de Barack Obama en 2008 – et plus particulièrement telle que l'a racontée l'un de ses proches conseillers, David Plouffe, dans un petit bijou de livre politique : *The Audacity to Win* (2009). Il y détaille, dans un journal de bord quasi quotidien, comment Obama a construit une authentique force de changement horizontale[1], lui permettant de gagner la primaire démocrate puis la Maison Blanche.

Si on retrouve la même rhétorique de l'horizontalité lors du lancement d'En Marche !, des signaux faibles ont, très vite, fait douter de la sincérité de la démarche. À commencer par la gestion esthétique du mouvement, qui en dit long sur sa véritable intention. Obama, dont la victoire dépendait de l'augmentation de la participation des communautés les plus défavorisées,

---

1. La plate-forme *mybarackobama.com* (*MyBO*), par exemple, a été un outil très important de mobilisation horizontale : conçue comme une sorte de Facebook interne, elle mettait les supporteurs en contact et leur donnait la possibilité de se structurer en créant des groupes locaux. On estime la « communauté Obama » à près de dix millions de personnes, pour environ 1,2 million de militants sur le terrain.

avait compris que son salut passerait par une vraie démarche horizontale. C'est pourquoi il avait laissé le soin à son *designer*, Scott Thomas, de mettre l'intégralité de ses productions visuelles en libre accès – si bien que ses supporteurs pouvaient s'emparer, se réapproprier et même détourner les codes graphiques de la marque Obama : c'était le prix à payer pour la sincérité de la démarche. Rien de tel à En Marche !, où aucune perte de contrôle n'a été tolérée. En lieu et en place d'une diffusion horizontale, il s'est au contraire opéré une très forte concentration verticale, *via* un contrôle systématique de la bonne utilisation de la charte graphique exercé sur l'ensemble des comités. Dès le départ, le pouvoir était centralisé : il le restera.

Dans la construction de la rhétorique de l'horizontalité, il faut se remémorer ce coup de génie marketing qu'a été la création de la Grande Marche, ce porte-à-porte géant qui se donnait pour objectif de recueillir l'opinion de plusieurs centaines de milliers de Français. Si l'opération a si puissamment résonné dans l'opinion, c'est qu'elle renouait, en creux, avec l'imaginaire des cahiers de doléances, complété d'une touche plus moderne de démocratie participative. En réalité, la Grande Marche est une authentique opération d'*horizontal-washing* – une opération plutôt destinée à occuper le terrain médiatique, à bâtir un solide fichier d'e-mails et à former des premières vagues de militants. De fait, très peu de remontées du terrain sont devenues de réelles propositions programmatiques, qui sont restées l'apanage d'un cercle très restreint de conseillers.

Le Grand Débat national est du même tonneau, et on n'est pas surpris de retrouver les mêmes ficelles : la mise en scène – très réussie, par ailleurs – d'une sorte d'États généraux du XXIe siècle aboutit, à la fin des fins, non pas tant au vote de propositions citoyennes qu'à la surmédiatisation d'un président qui, manches retroussées, dialogue des heures durant à Grand-Bourgtheroulde, à Saint-Brieuc ou à Cozzano.

L'horizontalité du macronisme est une illusion entretenue avec d'autant plus de force que le pouvoir semble ne pas disposer des bons capteurs pour sonder l'état du pays. Dépourvu de réel ancrage territorial, le pouvoir s'en remet à la fiction comme capteur de remplacement : ainsi de l'intérêt affiché et revendiqué de la Macronie pour les romans sociaux (*Qui a tué mon père*, d'Édouard Louis [2018], et *Nos enfants après eux*, de Nicolas Mathieu [2018]) et les films sociaux (*Les Misérables*, de Ladj Ly [2019], ou *Hors normes*, d'Éric Toledano et Olivier Nakache [2019]) – autant de fictions qui, pourtant, ne correspondent pas vraiment à l'orientation des politiques publiques mises en place depuis 2017. Visionnant *Les Misérables*, et « bouleversé par sa justesse », selon une indiscrétion du *Journal du dimanche*[1], Emmanuel Macron aurait demandé urgemment à ses ministres d'améliorer les conditions des quartiers défavorisés… alors qu'il avait lui-même enterré le plan banlieue de Jean-Louis

1. « Emmanuel Macron touché par "Les Misérables » », *Le JDD*, 17 novembre 2019.

Borloo en mai 2018 ! Faute d'avoir su initier une vraie démarche horizontale et à défaut de s'être ancré territorialement, le macronisme utilise la fiction comme mode de compréhension privilégié de la société française : quel total renversement culturel pour Emmanuel Macron, qui présentait l'irruption de la société civile dans la vie politique comme un gage de réalisme et de meilleure compréhension des attentes des Français ! Reste pourtant une menace plus grande encore : finir par croire à l'illusion qu'il a lui-même créée. « Ce qui fascine chez Emmanuel, analyse un proche[1], c'est que le réel compte moins pour lui que le récit qu'il s'en fait » : après la sécession esthétique, la sécession narrative… Et si le signe le plus tangible du dérèglement de la marque Macron était de s'être peu à peu coupée du réel ?

Le conflit permanent ou l'impossible pacification

Le soir de son élection, Emmanuel Macron promettait d'œuvrer à la pacification d'un pays profondément divisé :

> Durant les cinq années qui s'ouvrent, ma responsabilité sera d'apaiser les peurs […]. Ma responsabilité sera de rassembler toutes les femmes et tous les hommes prêts à affronter les défis gigantesques qui nous attendent.

1. Guyonne de Montjou, « Dans le secret de l'Élysée : la vraie vie d'Emmanuel Macron dans son palais », *Le Figaro*, 3 janvier 2020.

Comment comprendre la multiplication et l'intensification des conflits sociaux, des Gilets jaunes au mouvement de contestation de la réforme des retraites ? Peut-être parce que le macronisme au pouvoir a fini par ne plus vivre que par et dans le conflit qu'il génère. On retrouverait là non plus le Neutre-esquive de la campagne, mais une autre facette du Neutre avancée par Louis Marin, qui propose de le concevoir comme le point de jonction où s'annulent des forces contraires, « une force = 0 qui lui donne le pouvoir d'intervenir ». Il précise :

> La position du troisième terme comme neutre (ni l'un ni l'autre) est ainsi la projection de la neutralité dynamique des forces en conflit, des grandeurs ou des valeurs en opposition. Il indique l'équilibre de tension des forces et reçoit de ces forces en conflit sa propre force. (Marin, 1973.)

Voilà une donnée fondamentale pour comprendre le macronisme au pouvoir : pour que son entreprise de neutralisation fonctionne à plein, il n'a eu de cesse d'exploiter et d'approfondir les clivages pour apparaître comme « le lieu de l'annulation réciproque des propriétés contraires » (*ibid.*). De fait, le macronisme favorise l'émergence et la pérennité de ce que le directeur de la Fondation Jean-Jaurès, Gilles Finchelstein, appelle « la démocratie à l'état gazeux », dont la principale propriété est de ne plus pouvoir se comprendre à partir d'un seul clivage : « une multitude se combinent, dont chacun est une partie seulement de la réalité[1] ». Droite/gauche, ouverture/fermeture, optimisme/pessimisme, grévistes/non-grévistes, mais aussi le clivage *Somewhere/Anywhere* avancé par l'universitaire britannique David Goodhart (2019), ou l'opposition bloc élitaire/bloc populaire proposée par le sondeur Jérôme Sainte-Marie (2019) : pour chaque clivage, le macronisme se meut en force organisatrice, tantôt en cherchant à le dépasser, tantôt en cherchant à en incarner un des termes. Mais le risque d'encourager la tension pour mieux en triompher, c'est de perdre, à terme, toute résonance avec la société. Or le philosophe et sociologue Hartmut Rosa l'a très bien montré : la désaffection politique s'explique d'abord et avant tout par une « crise générale de la résonance », c'est-à-dire par une forme de relation troublée entre le sujet et le monde politique (Rosa, 2018). Et si le signe le plus tangible du dérèglement de la marque Macron était de construire une relation au monde défectueuse ?

*

In fine, la vraie défaite culturelle d'Emmanuel Macron est la suivante : alors que la marque politique était toute désignée pour être un formidable outil de conquête de l'opinion, le macronisme semble avoir renoncé à être majoritaire dans le pays. Alors qu'Emmanuel Macron n'est jamais plus fort que lorsqu'il assume un vrai

1. « Gilles Finchelstein : la démocratie à l'état gazeux », *L'Express*, 27 novembre 2019.

travail de conviction, menant une lutte au corps-à-corps avec les idées adverses (comme lors du débat d'entre-deux-tours face à Marine Le Pen), il s'est peu à peu enfermé dans un entre-soi avec son propre camp. Dès lors, la défaite culturelle du macronisme risque fort de muer en défaite politique et même, plus gravement, du politique. C'est ce que souligne Pierre Person, député La République en marche, dans une tribune au journal *Le Monde*[1] : « Notre époque marque la défaite du politique. » Sans jamais citer explicitement son parti, il n'en critique pas moins sévèrement l'assèchement démocratique :

> Cette défaite a été tout d'abord organisée par les politiques eux-mêmes [...] en considérant, paresseusement, que la majorité absolue donne tous les droits, et surtout, qu'elle n'impose pas d'aller convaincre au-delà de ses bancs[2].

Convaincu de la faiblesse structurelle des partis adverses et de la vigueur du réflexe républicain face au Rassemblement national, Emmanuel Macron croit pouvoir gouverner (et même se faire réélire) avec le soutien du quart du pays, et du quart du pays *seulement*. D'où, sans doute, sa principale crainte pour 2022 : une candidature surgie de nulle part, une figure populaire et volontiers satirique ou humoristique qui viendrait prendre le pouvoir par surprise en parvenant à agglomérer le « vote populaire ».

---

1. Pierre Person, « Notre époque marque la défaite du politique », *Le Monde*, 19 octobre 2020.
2. *Ibid.*

Les exemples récents ne manquent pas dans les autres pays : Donald Trump aux États-Unis, Beppe Grillo en Italie, Volodymyr Zelensky en Ukraine. Qui, en France, pour incarner un scénario à la « Vincent Mercier », du nom de ce professeur de sciences naturelles de la série politique *Baron noir*[1] qui réussit à transcender les deux extrêmes : Cyril Hanouna ? Michel Onfray ? Le professeur Raoult ?

Le dérèglement de la marque Macron pose la question du maintien du Neutre comme principe axiologique fondamental. Peut-il, même sous la forme dégénérée de neutralisation, continuer d'animer tout l'édifice ? La crise sanitaire va accélérer un processus qui s'était jusqu'alors déroulé en sourdine : celui de l'implosion du Neutre.

1. *Baron noir*, série télévisée d'Éric Benzekri et Jean-Baptiste Delafon, diffusée sur Canal Plus en février 2016, 2018 et 2020.

3
La marque en guerre : implosion du Neutre

« Pour comprendre la psychologie d'une population travaillée par une épidémie, il faut encore mettre en relief un élément essentiel : au cours d'une telle épreuve se produisait forcément une "dissolution de l'homme moyen". On ne pouvait qu'être lâche ou héroïque, sans possibilité de se cantonner dans l'entre-deux. »

Jean Delumeau, *La Peur en Occident*, 1978

> « Seules de vastes entreprises sont susceptibles de compenser les ferments de dispersion que son peuple porte en lui-même. »
> CHARLES DE GAULLE, *Mémoires de guerre,* 1954-1959

« La France n'est pas faite pour être un pays postmoderne », confiait Emmanuel Macron à l'écrivain Emmanuel Carrère au tout début de son quinquennat[1]. Dès le départ, son projet politique s'est construit en réaction à la société que dépeignait Gilles Lipovetsky dans *L'Ère du vide* :

> La société postmoderne n'a plus d'idole ni de tabou, plus d'image glorieuse d'elle-même, plus de projet historique mobilisateur, c'est désormais le vide qui nous régit, un vide pourtant sans tragique ni apocalypse. (Lipovetsky, 1983.)

Pour contrer le vide, Macron a massivement réinvesti le tragique. N'ayant pas de légitimité historique tirée de son histoire personnelle, le président a fait tourner à plein la fabrique symbolique des héros nationaux : pas moins de huit cérémonies nationales ont été organisées

1. Emmanuel Carrère, « Orbiting Jupiter : my week with Emmanuel Macron », *The Guardian*, 20 octobre 2017.

aux Invalides dans la première moitié de son quinquennat. Dans le même temps, le héros est devenu une figure incontournable de ses discours – du lieutenant-colonel Arnaud Beltrame, dont le sacrifice face au terrorisme islamiste est comparé à celui des « héros anonymes de Verdun et des Justes », aux trois sauveteurs de la Société nationale de sauvetage en mer, « morts sur les rivages de Vendée [...] en héros français », en passant par les sapeurs-pompiers de l'incendie de Notre-Dame, qualifiés eux aussi de « héros »... quitte à prendre le risque de banaliser le terme à force d'en multiplier l'usage. Johnny Hallyday n'a-t-il pas, lui aussi, été qualifié de « héros français » ? S'il y a une quête de tragique profondément ancrée dans le projet macroniste, dès 2017 Philippe Besson s'interrogeait :

> Emmanuel M. n'est pas un enfant de la guerre. Il a toujours connu la paix, il ne sait rien des cendres fumantes, des lentes reconstructions, d'une mémoire honteuse qui rejaillit sporadiquement [...]. Que perçoit-il au juste du « tragique de l'Histoire » ? Quel sens lui donne-t-il ? (Besson, 2017.)

Lors de l'entretien accordé à *La Nouvelle revue française* en mai 2018, Emmanuel Macron déclarait : « Paradoxalement, ce qui me rend optimiste, c'est que l'histoire que nous vivons en Europe redevient tragique[1]. » À l'époque,

1. Alexandre Duval-Stalla, Michel Crépu et Emmanuel Macron, « L'histoire redevient tragique », 2018, art. cit.

le tragique de l'Histoire était essentiellement à chercher dans le durcissement des rapports de force internationaux et la montée du populisme. Depuis, la pandémie mondiale du Covid-19 a singulièrement changé la donne : le tragique n'a plus à être incanté, il est omniprésent. Avec toute la férocité dont il était capable, Mitterrand disait du général de Gaulle qu'il était une de ces figures qui « ne s'épanouissent que dans le malheur et la tourmente » (Mitterrand, 1964). Dans la même veine, on serait tenté de dire qu'Emmanuel Macron tient enfin « son » moment tragique, un de ceux qui marquent de manière indélébile la vie de la nation tout entière et qui donnent de l'épaisseur historique à ceux qui doivent en relever les défis.

Confrontée à l'inédit, la marque Macron va voir sa stratégie du Neutre non plus seulement dégénérer, mais littéralement imploser. Face à l'urgence, la marque Macron va céder à la fuite en avant *via* trois travers bien connus en communication de crise : accélérer, en gonflant ses caractéristiques saillantes (*inflation*) ; s'immobiliser, en opérant un retour aux sources (*crispation*) ; se mettre en scène, en prétendant être ce qu'on n'est pas (*simulation*).

« Nous sommes en guerre » ou la neutralisation par le récit

> « C'est une écriture que l'on pourrait appeler cosmétique parce qu'elle vise à recouvrir les faits d'un bruit de langage. »
>
> Roland Barthes, *Mythologies*, 1957

On l'a vu, à l'épreuve du pouvoir, la neutralisation constitue la geste macronienne par excellence. Face à la crise sanitaire, la neutralisation va encore enfler pour connaître son paroxysme sous la forme d'un récit ayant pour fil directeur le discours guerrier. Pour reprendre notre structure à trois niveaux de la marque politique, c'était d'abord et avant tout par le niveau esthétique que la marque Macron s'était déréglée ; c'est par le niveau narratif qu'elle a cherché à se reconstituer.

Précisons-le d'emblée : nous ne verserons pas dans la critique de ces penseurs qui ont vu dans les mesures sanitaires l'empreinte d'un État policier qui profiterait de la pandémie pour mieux contrôler la population. Il ne s'agit ici ni de nier la gravité de la situation sanitaire, ni de critiquer les mesures prises par le gouvernement, mais plutôt de voir en quoi le *discours* tenu par l'exécutif pendant le confinement constitue un prolongement logique (mais bel et bien contingent) de l'exercice du pouvoir d'Emmanuel Macron.

La métaphore guerrière

Lundi 16 mars, 20 heures. Devant trente-cinq millions de téléspectateurs, le président annonce le confinement du pays. « Nous sommes en guerre », répète-t-il à six reprises. Dans l'immédiat, l'anaphore permet, par la *gravitas* qu'elle dégage, de marquer les esprits et d'effacer le discours trop timoré tenu tout juste quatre jours auparavant. Ses effets sont toutefois autrement plus profonds. D'abord parce que, loin d'être un fusil à un coup, la rhétorique belliciste se répète, s'approfondit et s'inscrit dans le temps. Fin mars, de l'hôpital de campagne du service de santé des armées déployé à Mulhouse, le président file la métaphore guerrière, parlant de « front », de « première ligne » et sonnant la « mobilisation » de tous. Le 17 août, lors de la cérémonie du 76e anniversaire de la libération de Bormes-les-Mimosas et alors que l'épidémie menace de repartir, Emmanuel Macron est allé jusqu'à comparer les efforts nécessaires à la période actuelle à ceux de la Résistance : « C'est par cette unité, cette capacité d'agir ensemble, de donner de son temps mais de savoir que chacun à sa place joue un rôle décisif que nous pouvons l'emporter. » Que peut bien signifier l'usage systématique et répété de la métaphore guerrière ?

Les travaux de George Lakoff, pionnier de la linguistique cognitive, permettent de mieux en comprendre la portée. Dans *Les Métaphores dans la vie quotidienne* (Lakoff & Johnson, 1985), il avance que notre système conceptuel est *fondamentalement* métaphorique : ce que nous percevons, ce que nous pensons et ce que nous sommes portés à faire est déterminé par une architecture de métaphores dont nous n'avons pas toujours conscience. Par exemple, il remarque qu'en Occident le temps est le plus souvent pensé au travers de la métaphore de l'argent (TEMPS = ARGENT) : dans des expressions telles que « gagner du temps », « gâcher son temps » ou « donner de son temps », la notion abstraite du temps est pensée comme une marchandise qui a de la valeur, quelque chose que l'on peut économiser, gaspiller ou donner. L'important, nous dit-il, est de prendre conscience que l'argent n'est pas la seule métaphore possible pour penser le temps : en changeant de métaphore, c'est notre rapport au temps lui-même qu'on change. Selon Lakoff, la métaphore dispose donc d'un pouvoir mental gigantesque : celui de structurer la pensée en influençant notre manière d'être au monde et notre façon d'agir sur lui. Dans notre cas, on comprend que la métaphore guerrière utilisée par l'exécutif (ÉPIDÉMIE = GUERRE) est un cadre cognitif qui, en structurant profondément notre rapport à l'épidémie, conditionne nos réactions, individuelles comme collectives : c'est en cela qu'elle s'inscrit dans une entreprise de neutralisation. Rony Brauman, ancien président de Médecins sans frontières France, s'est par exemple ému des conséquences désastreuses de la métaphore guerrière sur le lien social au sein de la cité : « Dire qu'on mène une guerre contre un virus, c'est prendre le risque d'alimenter la guerre de tous contre tous, chacun étant potentiellement le vecteur de l'ennemi invisible[1]. » Mais il y a plus encore. Qui dit guerre dit mobilisation générale, et donc disparition (momentanée, nous promet-on) de l'activité politique[2] : « Toute l'action du gouvernement et du Parlement doit être désormais tournée vers le combat contre l'épidémie, de jour comme de nuit. Rien ne doit nous en divertir », déclare en ce sens Emmanuel Macron le 16 mars. Qui dit guerre dit union nationale, et donc mise au pas des critiques, forcément stériles, et des divisions, forcément dangereuses : qui oserait rompre « l'union sacrée » d'un pays appelé à « faire bloc » face à un ennemi commun ? Lorsqu'un pays est en guerre, il est déjà trop tard pour adopter un regard critique sur ce qui aurait pu être mieux fait : au travers de l'action immédiatement requise, le présent exerce

1. « Rony Bruman répond à Macron : "La métaphore de la guerre sert à disqualifier tout débat » », propos recueillis par Éric Aeschimann, *L'Obs*, 27 mars 2020.
2. Une disparition du politique vigoureusement dénoncée par l'avocat François Sureau : « On l'a vu lors de la crise récente, où le débat politique a été réduit à néant, où les partis et le Parlement ont à peu près disparu, où la presse n'a guère fait usage de sa liberté de critiquer [...]. C'est une situation extrêmement dangereuse. Elle laisse face à face un exécutif solitaire et une masse de citoyens que l'on catéchise et qui n'ont pas le sentiment d'être entendus. » (François Sureau, « La démocratie représentative est à peu près morte en France », *L'Express*, 20 mai 2020.)

toute la tyrannie dont il est capable, et le passé n'a momentanément plus voix au chapitre. Qui dit guerre, enfin, dit mesures d'exception : législation par ordonnances, création d'un « état d'urgence sanitaire », restrictions massives et inédites des libertés publiques, corrélées à un empressement bureaucratique qui a pu prendre des formes fort puériles (l'attestation de déplacement)... D'une certaine manière, on peut dire que la neutralisation trouve dans la métaphore guerrière son lieu d'expression privilégiée.

La question, encore une fois, n'est pas tant de se prononcer sur le choix des mesures prises face à l'urgence sanitaire que de s'interroger sur le choix de la métaphore pour aborder collectivement l'épidémie – car il s'agit bien d'un choix. La guerre était-elle vraiment le seul imaginaire disponible pour créer du commun et un sentiment de responsabilité ? En France, la réponse a semblé aller de soi pour l'écrasante majorité des observateurs : en parlant de « guerre sanitaire », l'exécutif a réussi à imposer un cadre de pensée dont il était d'autant plus difficile de sortir qu'il s'est institué en « parole dépolitisée », en prenant soin d'asseoir chacune de ses prises de parole sur la légitimité symbolique du « Conseil scientifique Covid-19 ». Mais tel n'a pas été le cas partout : la preuve, les dirigeants de nos voisins européens ont mobilisé d'autres imaginaires et employé d'autres registres. En Angleterre, la reine Elizabeth II, usant d'un ton beaucoup plus empathique que martial, a explicitement refusé l'analogie avec la Seconde Guerre mondiale et opté pour la métaphore de la *catastrophe*, à la fois intime et nationale :

> Si nous avons déjà été confrontés à des défis par le passé, celui-ci est différent […]. Nous devrions nous consoler en pensant que, même s'il nous reste encore beaucoup à endurer, des jours meilleurs reviendront : nous serons à nouveau avec nos amis, nous serons à nouveau avec nos familles, nous nous retrouverons[1].

En Allemagne, le président de la République fédérale Frank-Walter Steinmeier, sans vraiment proposer de métaphore alternative, a pris à contre-pied le président français :

> Non, cette pandémie n'est pas une guerre. Les nations ne sont pas contre les nations, les soldats ne sont pas contre les soldats. C'est un test de notre humanité[2].

On le voit : le recours à la métaphore guerrière vient renforcer, dans une forme d'inflation hyperbolique, la tentation de la marque Macron à opérer une forme de neutralisation. Outre le discours, c'est en fait l'ensemble du niveau narratif qui en épouse la pente.

Le récit est un piège

Dans *Le Retour du Prince*, le politologue Vincent Martigny avance une thèse radicale : si la capacité à raconter des histoires est devenue

1. Mélody Locard et Emmanuelle Hirschauer, « La version française du discours de la reine Elizabeth II face au coronavirus », *L'Obs*, 5 avril 2020.
2. AFP, 11 avril 2020.

aussi indispensable à tout dirigeant, c'est qu'elle est devenue son ultime moyen d'action :

> Plutôt que de mettre en place des politiques ayant pour objet de transformer le réel et la vie quotidienne, les dirigeants sont invités à orienter nos perceptions et à effectuer une médiation de nos affects. Il ne s'agit plus de changer le monde, mais de nous raconter une histoire sur ce dernier. (Martigny, 2019.)

Et si le récit de guerre imposé par l'exécutif était un piège, en ce qu'il aurait avant tout servi à masquer son impuissance, voire à compenser son impréparation initiale ? On remarque que la mise en scène des conférences de presse d'Édouard Philippe a été d'autant plus travaillée que la situation sanitaire semblait échapper à l'exécutif : introduction, pour la première fois, du Powerpoint comme support de présentation de la communication gouvernementale ; installation inédite du Premier ministre dans le rôle d'un présentateur-animateur faisant défiler au pupitre les figures-clés de son gouvernement pour des topos ciblés, et chorégraphiant le ballet d'experts conviés pour éclairer l'opinion publique. On retrouve ici les mêmes éléments qui fondaient la critique barthésienne du discours officiel français sur les « affaires africaines » des années cinquante : face à la pandémie, l'objectif de la communication gouvernementale se réduit à « recouvrir les faits d'un bruit de langage » (Barthes, 1957).

« Le récit est un piège lorsque le piégeur, c'est-à-dire le narrateur, dissimule », écrivait

Louis Marin (1978). Et parce que aucun récit n'est jamais objectif, tout narrateur dissimule, nécessairement : en choisissant telle péripétie plutôt qu'une autre, en soulignant le rôle de tel personnage plutôt que celui de tel autre, en s'attardant sur tel événement plutôt que sur tel autre... Exemple emblématique de piège narratif, la galerie de portraits publiée sur le site officiel de l'Élysée le 24 avril 2020 : reliés par le hashtag #FranceUnie (recyclant au passage le slogan de campagne de Mitterrand en 1988), ils composent un patchwork d'initiatives prises par la société civile pendant le confinement. On relate comment des étudiants à Angers se sont mobilisés pour produire 1000 litres de gel hydroalcoolique par semaine ; on revient sur le don de Lafuma Mobilier d'une centaine de « fauteuils relaxants » pour le personnel hospitalier de quatre hôpitaux de la région lyonnaise ; on entend le témoignage du responsable du centre d'hébergement Kellerman dans le 13e arrondissement qui se mobilise pour « aider les personnes les plus démunies à se loger pendant le confinement », ou encore celui d'Alexandra qui, confinée chez elle, « a choisi de maintenir un lien téléphonique avec des personnes en situation de handicap ou âgées ». De la même manière qu'à l'âge classique le récit du règne des rois était constitué en livre de médailles frappées à l'occasion de grands événements (mariage, batailles victorieuses, etc.), le récit officiel du confinement se retrouve ici « paradigmatisé », ordonné en grandes classes d'initiatives qui insistent toutes sur certains aspects et certains aspects seulement, ceux que l'exécutif a décidé de retenir et de promouvoir : la solidarité, l'entraide, le don de soi, etc. Se produit alors une inversion entre l'Histoire (le réel) et le récit (la narration) : il n'y a pas *d'abord* des faits historiques qui seraient *ensuite* retranscrits dans un récit, il y a un récit qui produit une version subjective de l'Histoire. L'Histoire, c'est le pari du gouvernement, ne retiendra que cette version de l'histoire[1].

En particulier, le récit (et à plus forte raison le récit de guerre) a une conséquence narrative très forte : celle de construire des héros. Là où, paradoxalement, à la sortie de la Seconde Guerre mondiale, le général de Gaulle refusait de traiter en héros les membres de la Résistance (« Ils n'ont fait que leur devoir », ne cessait-il de répéter), Emmanuel Macron a versé dans un processus d'héroïsation à tout-va en faveur des « premières lignes » mobilisées pendant le confinement. Bien entendu, il n'est pas question de mettre en doute la valeur de l'action des soignants, des pompiers ou des éboueurs, mais il nous faut bien comprendre à quelle logique obéit le discours d'héroïsation. Dire « X est un héros », c'est bien plus qu'une simple assertion que l'on pourrait juger selon des conditions de vérité (X *est* ou *n'est pas* un héros) : il s'agit d'un acte de langage qui a pour fonction d'instaurer

1. « Le récit n'est pas alors la prise en compte de l'histoire par la narration, mais l'opérateur de simulation de l'histoire par la narration ; l'histoire est l'effet représentatif (et non point l'origine référentielle) du récit, la résultante d'une structure imaginaire du pouvoir. » (Marin, 1981.)

un cadre au discours ultérieur. Ériger quelqu'un en héros, ce n'est pas simplement le valoriser ou l'honorer ; c'est, pour reprendre les mots du linguiste Oswald Ducrot (1972), réaliser « un acte juridique par la parole », par lequel le locuteur transforme le rapport qu'il entretient avec son destinataire en lui imposant un certain univers de discours et en contraignant l'éventail de ses réactions possibles. « Il est dangereux de faire endosser aux soignants le costume du héros, explique Marie-José Del Volgo, ancienne praticienne hospitalière à l'Assistance publique de Marseille[1]. Être un héros, cela signifie se sacrifier, souffrir en silence. Le héros ne demande ni aide ni moyens. Le héros est un surhomme. » Dire « X est un héros » crée en effet une obligation du côté du destinataire, qui se doit de répondre en héros, de se comporter en héros, de se penser en héros. Or a-t-on déjà vu Zorro pester contre la qualité de son épée, ou Superman se plaindre de fatigue ? Autrement dit : ériger en héros des personnels soignants qui avaient suivi plus de huit mois de grève en 2019 pour dénoncer leurs conditions de travail, c'est chercher à passer sous silence leurs revendications ; cyniquement, c'est honorer pour faire taire.

Voici donc la première étape de l'implosion du Neutre : une inflation de sa version dégénérée, la neutralisation, non seulement au travers du discours, mais de l'ensemble du niveau narratif.

---

1. « Coronavirus : “Il est dangereux de faire endosser aux soignants le costume du héros” », *Le Monde*, 26 mars 2020.

Le « nouveau chemin » ou la métamorphose manquée

> « Faire du surplace, c'est la même chose que la noyade pour des gens comme vous et moi. »
> FRANK UNDERWOOD à Zoe Barnes (*House of Cards*[1]).

Rares sont les événements dont le surgissement bouleverse en si peu de temps nombre de croyances, de référentiels et de réflexes qu'on croyait définitivement ancrés dans les consciences et dans les pratiques. L'épidémie du coronavirus est de ceux-là : parce qu'elle met en branle la totalité de la société et de ses institutions et parce qu'elle engage toutes ses dimensions (politiques, juridiques, économiques, culturelles, sociales, technologiques), elle constitue un véritable « fait social total », pour reprendre le concept de Marcel Mauss (1904). En mettant le monde à l'arrêt, la crise sanitaire invite naturellement à l'introspection, à l'inventaire – et donc au changement. « Si tout est arrêté, tout peut être remis en cause, infléchi,

1. Série télévisée créée par Beau Willimon, diffusée sur Netflix de 2013 à 2018 (USA).

sélectionné, trié, interrompu pour de bon ou au contraire accéléré. L'inventaire annuel, c'est maintenant qu'il faut le faire ! » s'exclamait Bruno Latour à la fin mars 2020[1]. Tirons-en une leçon de communication politique : pour Emmanuel Macron, le Covid-19 aurait pu être une formidable occasion de transformer en profondeur son programme, ses priorités et ses ambitions, sans avoir pour autant à supporter le coût politique du reniement. Car si le monde change, si les paramètres fondamentaux évoluent, qui lui aurait fait le reproche de s'y adapter ? En d'autres termes, toutes les conditions étaient réunies pour que la marque Macron accomplisse une *métamorphose* qui aurait eu l'immense vertu de gommer les défauts et les dérèglements survenus à l'épreuve de l'exercice du pouvoir sans pour autant renier son identité profonde – car c'est là toute la richesse du concept de métamorphose : lier ensemble transformation et conservation.

Métamorphose politique

À la toute fin de son allocution du 13 avril 2020, après avoir annoncé que le 11 mai serait la date officielle du déconfinement, Emmanuel Macron prononce des phrases très fortes :

> Nous sommes à un moment de vérité qui impose plus d'ambition, plus d'audace, un moment de refondation [...]. Ne cherchons pas tout de

1. Bruno Latour, « Imaginer les gestes-barrières contre le retour à la production d'avant-crise », *AOC media*, 30 mars 2020.

> suite à y trouver la confirmation de ce en quoi nous avions toujours cru. Non. Sachons, dans ce moment, sortir des sentiers battus, des idéologies, nous réinventer – et moi le premier.

Vibrant plaidoyer pour un changement de cap que le président se charge lui-même d'esquisser : plus de souveraineté, plus de solidarité, plus d'investissements dans la santé et la recherche, meilleure rémunération des « premiers de corvée »... Les fondamentaux du macronisme conquérant de 2017 volent en éclats à mesure qu'Emmanuel Macron incante les valeurs du service public plutôt que celles de la « *Start-up Nation* », qu'il porte un projet de protection collective plutôt que d'émancipation individuelle, et qu'il remplace l'impératif catégorique d'efficacité par la doctrine du « quoi qu'il en coûte ». Pour l'exécutif, il s'agit dès lors de qualifier la *nature* du changement à opérer : « tournant » ou « acte III » du quinquennat ? *Tabula rasa* ou changement dans la continuité ?

Le dernier ouvrage d'Emanuele Coccia, publié juste avant le confinement et précisément intitulé *Métamorphoses*, nous offre une manière très stimulante de penser le changement en politique. Le philosophe fait la remarque suivante : « Nous sommes habitués à penser la transformation et le changement en suivant deux modèles : la conversion et la révolution ». Et d'ajouter, plantant au passage le drapeau du Neutre : « La métamorphose n'est ni l'une ni l'autre » (Coccia, 2020). Dans la conversion, détaille-t-il, c'est exclusivement le sujet qui change : au bout d'un cheminement intérieur, le converti revendique avoir transformé sa manière de penser et d'agir – la figure est connue en politique, elle s'incarne dans la rhétorique du « J'ai changé ! », autrefois si chère à Nicolas Sarkozy. Le monde qui l'entoure, lui, ne change pas – et ne doit surtout pas changer, « car seulement un monde qui n'a pas été touché par la conversion peut témoigner du changement du converti » (*ibid.*). Dans la révolution, c'est l'inverse : « c'est le monde qui change ; le sujet qui en est la cause et incarne le garant du passage d'un monde à l'autre ne peut pas se transformer, car il est le seul témoin de la transformation en cours » (*ibid.*). Si la révolution séduit tant le politique, c'est qu'elle porte une promesse de transformation radicale de son rapport au monde. Au-delà de ces deux façons classiques d'aborder le changement, Emanuele Coccia avance l'idée de la métamorphose. Ce qu'elle a de puissant et de fertile, c'est que la question n'est plus de savoir qui, du sujet ou du monde, est moteur du changement ; les deux changent simultanément, sans qu'il y ait ni prééminence (l'un d'abord, l'autre ensuite), ni lien causal (l'un *donc* l'autre). Dans une métamorphose, le sujet ne contemple pas sa propre puissance de transformation du monde, mais obéit à une nécessité qui lui est extérieure : ainsi de la chenille, être métamorphique par excellence, qui ne prend pas *intentionnellement* la décision de se métamorphoser en papillon. Surtout, souligne Emanuele Coccia, il n'y a dans la métamorphose

> […] aucun mouvement de refoulement ou de négation d'un passé ou d'une identité. Un être métamorphique est, au contraire, un être qui a déposé toute ambition à vouloir se reconnaître dans un seul visage. La vie qui traverse la chenille et le papillon ne peut être réduite ni à l'une ni à l'autre. Elle est une vie capable d'habiter et d'héberger simultanément plusieurs formes et qui fait de ce caractère amphibie sa puissance. (*Ibid.*)

Autrement dit: la métamorphose est ce mécanisme qui permet à « deux corps incompatibles d'appartenir au même individu ». On retrouve ici, certes éclairée différemment, la question au cœur de la représentation du pouvoir d'Emmanuel Macron: la construction d'une marque politique dont la puissance est fondée sur sa capacité à articuler des éléments profondément différents. Avec la métamorphose, Emanuele Coccia nous offre un modèle pour penser la transformation simultanée des trois niveaux de la marque (axiologique, narratif, esthétique), un modèle qui aurait pu accompagner le déplacement du point d'équilibre du macronisme en évitant les poncifs de la « *conversion* écologique » ou de la *révolution* du « monde d'après ».

Outre ses incantations verbales, plusieurs signaux faibles laissaient entrevoir un début de métamorphose de la marque Macron, à commencer par sa nouvelle posture sur Twitter – aujourd'hui le lieu de représentation politique par excellence. Jusqu'ici, le compte officiel d'Emmanuel Macron adoptait une posture verticale très classique: relais de ses déplacements, extraits des points saillants de ses discours et, à la rigueur, partage des déclarations importantes de ses ministres. Mi-mars, le président se met à retweeter des messages de célébrités ou d'institutions incitant les Français à rester chez eux (une vidéo de l'astronaute Thomas Pesquet, un message de l'hôpital Necker), avant de relayer des messages d'encouragement aux soignants de la part de parfaits inconnus[1]. Le 19 mars, il est allé jusqu'à répondre directement au tweet d'un médecin de l'hôpital Bichat, pour l'assurer de son soutien: « Nous savons ce que nous vous devons et votre appel ne restera pas sans réponses concrètes. Merci à toutes les équipes mobilisées autour de vous ce soir encore. » Proximité, utilisation conversationnelle du réseau social: esthétiquement, tous les éléments concordaient pour signifier l'horizontalité, en phase avec le récit d'un président en train de « bâtir un autre projet dans la concorde » que la marque Macron était en train d'installer.

Las… Dès la mi-avril, cette nouvelle posture sur Twitter disparaît. Début juin, le projet de métamorphose est remisé au placard: l'interprétation de la crise change. Elle n'est plus abordée comme une catastrophe qui oblige à changer de logiciel, mais comme une « opportunité » (*sic*) pour renouer avec l'esprit de la campagne de 2017.

1. Sans faire offense à Christophe Tournay, Chloë Chrysostome et Jean-François Corty, les personnes retweetées par le compte présidentiel.

> Pour le président, il y a un fil directeur entre 2017 et aujourd'hui, explique un de ses conseillers. Ce que vit la France aujourd'hui n'appelle pas un *aggiornamento* ou un *reset*, mais plutôt un retour aux sources du macronisme, qui est un projet de transformation et d'adaptation de la société[1].

Refus de comprendre la nécessité du changement, réaffirmation de la pertinence du projet fondateur, en deux mots : crispation identitaire. Lors de son discours du 14 juin 2020, le président fait un premier pas dans cette direction en déclarant : « Les temps imposent de dessiner un nouveau chemin. » « Nouveau chemin » : l'expression est lancée. On ne le comprend pas tout de suite, mais elle est lourde de sens : la réinvention promise du macronisme ne sera pas un changement de fond, mais un simple « changement de méthode ». Il le confirmera très explicitement lors de son interview télévisée du 14 juillet 2020 :

> Ce que vous m'avez sans doute vu infléchir durant la première partie de la crise que nous venons de vivre et ce que j'ai souhaité déployer avec un nouveau Premier ministre [...], ce n'est pas changer de cap, de destination finale [...], c'est de changer le chemin pour y arriver.

La métamorphose est remisée au placard, il n'y aura pas de « nouveau Macron » pour le « monde d'après ». Ce qui n'est pas sans surprendre : en théorie, « nouveau monde » et « monde d'après »

1. Cédric Pietralunga, « Changer ou persévérer : le dilemme d'Emmanuel Macron pour l'après-Covid », *Le Monde*, 9 juin 2020.

avaient tout pour correspondre. Sur le papier, qui mieux qu'Emmanuel Macron pour porter et incarner le *next normal*, comme l'évoquent les consultants de McKinsey ? C'est oublier que, depuis 2017, la rhétorique du « nouveau monde » a été usée jusqu'à la moelle. En ayant si massivement recours à la promesse du renouveau depuis son élection, le pouvoir s'est privé d'une importante corde à son arc lorsque la situation l'exigeait de façon plus pressante encore.

Crise du Neutre

Comment interpréter un tel refus de la métamorphose, et pourquoi ce refus est-il si conséquent pour la suite du quinquennat ? Parce qu'il est le signe d'une crise d'identité du macronisme, qui prend la forme d'une crise du Neutre. Quand on y réfléchit, la métamorphose était le seul moyen de rester fidèle au Neutre. Pourquoi ? Parce que le Neutre, loin d'être un absolu, est *fondamentalement* relatif – et donc dynamique, sujet à évoluer au gré du contexte. Le Neutre est toujours Neutre *de quelque chose*, et toute neutralisation travaille dans un certain rapport de force donné. Refuser la métamorphose, c'est donc implicitement sortir du projet du Neutre. En fondant son refus de la métamorphose sur un argument identitaire du type « nous n'avons jamais eu autant raison d'être ce que nous sommes », Emmanuel Macron confond les deux versants de l'identité que distinguait pourtant avec force son maître à penser, Paul Ricœur : *identité-mêmeté* et *identité-ipséité*. Dans *Soi-même comme un autre*, le philosophe pense l'identité comme le lieu d'une tension entre deux versants radicalement différents : d'un côté, une identité fondée sur la racine latine *idem*, et liée à la mêmeté, à savoir l'affirmation d'un « noyau non changeant de la personnalité », le caractère, obéissant au principe de la ré-identification du même ; de l'autre, une identité fondée sur la racine latine *ipse*, conçue comme une fidélité à soi-même et qui se caractérise par la capacité à se maintenir à travers le temps, obéissant au principe de la promesse (Ricœur, 1990). Pour Ricœur, l'identité est le fruit d'une dialectique entre ces deux formes d'identité. En réaffirmant la nécessité d'un « retour aux sources du macronisme », la marque Macron fait le choix de l'*identité-mêmeté*, alors que le projet du Neutre était fondamentalement une *promesse de Neutre*, carburant à l'*identité-ipséité*. Pour garder sa force motrice et sa proposition de valeur si différenciante dans le paysage politique français, la marque Macron aurait dû se souvenir qu'elle s'était fondée sur une sorte de contrat qui l'engageait, auprès de ses électeurs, à embrasser le Neutre (et le projet philosophique qu'il sous-tend). Un Neutre qui, s'il se fige, cesse immédiatement d'opérer.

S'il y a crise du Neutre, ce n'est donc plus seulement qu'il a dégénéré en neutralisation : c'est qu'à présent il y a un doute sur la nécessité même de sa raison d'être. Attention, l'enjeu n'est pas de savoir si, dans les faits, le Neutre constitue *réellement* une réponse crédible et solide aux grands défis du monde contemporain – la communication politique, rappelons-le, ne relève pas de la résolution de problèmes, c'est le rôle des politiques publiques; la communication politique relève de la maîtrise des apparences, laquelle conditionne le succès ou l'échec desdites politiques publiques. L'enjeu est plutôt de savoir si le Neutre est toujours perçu comme une condition nécessaire au succès de la marque Macron. Parce qu'elle touche à son niveau fondamental, la mise en doute du Neutre ébranle l'ensemble de l'édifice et affecte son efficacité aussi bien narrative que symbolique.

La situation fait furieusement penser aux crises d'identité et de représentation traversées par d'autres dirigeants, à commencer par Louis XIV. Pendant la première partie de son règne, la puissance du Roi-Soleil s'était construite sur ce que Jean-Marie Apostolidès (1981) appelle la « mythistoire », à savoir une représentation du pouvoir fondée sur un savant mélange de références mythologiques et historiques. Les conséquences narratives et esthétiques étaient très concrètes : Louis le Quatorzième était représenté en « Louis Auguste », héritier de l'Empire romain, et les artistes au service de l'État avaient pour mission de transformer Paris en une nouvelle Rome, érigeant des places, des églises, des statues, qui réinvestissaient les codes de la romanité. Dans les années 1675, l'efficacité de la « mythistoire » est mise en doute et se défait, car elle est peu à peu perçue comme inadéquate pour dire le réel et surtout comme impuissante pour asseoir l'autorité du roi sur le présent. Ébranlée sur son fondement axiologique, la « marque

Louis XIV » vacille alors de manière spectaculaire : le monarque n'est plus ce « roi machiniste qui décidait du texte, des décors, des costumes et le héros de la représentation », mais un « roi-machine » dont les jeux de représentation deviennent mécaniques, enfermés dans des cérémonials répétitifs. « À la fin du règne, conclut Apostolidès, la place du roi devient une case vide, susceptible d'être occupée par quiconque possède la réalité effective du pouvoir. » C'est une constante dans les systèmes de représentation du pouvoir : toucher à leurs fondations, c'est prendre le risque de voir tout l'édifice s'effondrer. Pour l'avoir oublié, Emmanuel Macron s'expose à de graves difficultés politiques pour la fin de son quinquennat, et ce au sein de sa propre famille politique.

Deuxième étape de l'implosion du Neutre : sa crispation dans une version qui, figée sur elle-même, n'épouse plus l'époque, et donc échoue à en intégrer efficacement les tensions contraires.

Simulation du Neutre

> « En politique, on choisit ses ennemis, pas ses alliés. »
> PHILIPPE RICKWAERT (*Baron noir*[1])

De crise d'identité, la crise du Neutre s'est muée en crise de représentation : alors que la marque Macron avait réussi à fonder tout son édifice sur le Neutre, et donc à articuler bon gré mal gré les *signes* du Neutre (son esthétique, ses prises de parole) au *réel* du Neutre (ses décisions, ses actions), peu à peu le Neutre s'est réduit aux signes qui en font foi. En refusant d'évoluer, le Neutre entre dans ce que le philosophe Jean Baudrillard appelle le régime de la *simulation*, qu'il définit comme :

> [la] liquidation de tous les référentiels – pire : [...] leur résurrection artificielle dans les systèmes de signes, matériau plus ductile que le sens, en ce qu'il s'offre à tous les systèmes d'équivalences, à toutes les oppositions binaires, à toute l'algèbre combinatoire. (Baudrillard, 1981.)

1. Série citée.

Ainsi, comme on va le voir, du général de Gaulle, dont le simulacre est réquisitionné pour penser la crise sanitaire. Ainsi de Jean Castex, dont la nomination à Matignon permet de jouer le rôle de grand simulateur du Neutre.

Hyper-gaullisme

En embrassant l'*identité-mêmeté* et en décidant de « revenir aux sources du macronisme », la marque Macron a eu le réflexe de réactiver la figure qui rappelait avec le plus de force son projet d'origine : le général de Gaulle. Comme le souligne l'universitaire britannique Julian Jackson, auteur d'une biographie remarquée du général : « Aucun homme politique français contemporain n'a plus ouvertement recherché son inspiration dans la figure du Général qu'Emmanuel Macron. » (Jackson, 2019.)

Dès sa campagne de 2017, Emmanuel Macron partage un certain nombre de points communs avec de Gaulle (l'homme de 1958 plutôt que celui de l'appel du 18 Juin) : même mépris pour la classe politique installée ; même volonté de se placer au-dessus des partis, en suivant la même « utopie unanimiste », raillée en son temps par Pompidou ; même vision syncrétique de l'histoire de France, qui consiste à réconcilier Jeanne d'Arc et la Révolution, le sacre de Reims et la fête de la Fédération ; et, pourrions-nous compléter, même vacuité idéologique érigée en stratégie de pouvoir[1]. Une fois président, Macron a eu deux gestes symboliques très significatifs pour marquer sa filiation au gaullisme. Tout d'abord, la photo officielle du président : elle le présente debout devant un bureau sur lequel un livre est ouvert – les *Mémoires de guerre* du général de Gaulle (1954-1959), dans l'édition de la Pléiade. Puis, en septembre 2018, l'Élysée a décidé d'ajouter dans son logo officiel la croix de Lorraine, symbole gaulliste par excellence.

Il est frappant de voir combien la pandémie a réactivé une sorte de « réflexe de Gaulle » chez Emmanuel Macron, faisant sien ce qu'il y a probablement de plus profond dans le gaullisme : la conviction que la vertu des grands événements historiques est de « surmonter [...] la propension des Français aux divisions internes » (Jackson, 2019). Comme de Gaulle l'écrit lui-même à la première page de ses *Mémoires de guerre* : « Seules de vastes entreprises sont susceptibles de compenser les ferments de dispersion que

1. C'est en tout cas l'interprétation de Stanley Hoffmann (1974), l'un des observateurs américains les plus avisés du gaullisme, qui pointe « la vacuité idéologique du gaullisme ». Selon lui, de Gaulle est avant tout « une posture, non une doctrine ; une attitude, non un ensemble cohérent de dogmes ; un style sans beaucoup de substance ». De même pour Julian Jackson (2019), qui écrit : « Le gaullisme était une page blanche sur laquelle certains Français libres et certains résistants espéraient pouvoir inscrire leurs propres idées sur l'avenir. » Le macronisme n'est peut-être pas le premier à importer le mana en politique...

son peuple porte en lui-même. » On retrouve cette veine gaulliste dans les propos tenus par Emmanuel Macron lors de son interview du 14 juillet 2020 : « En France, nous ne savons pas résoudre nos problèmes par temps calme. » Redoutable interprétation de l'histoire de France qui, comme le pensait le général de Gaulle, et Napoléon Bonaparte avant lui, n'avancerait que sous le joug de crises ou de menaces.

Ce qui est saisissant, et franchement déroutant, c'est que la quête de fidélité au général de Gaulle ne se cantonne pas à une certaine idée de la France dans un moment de drame collectif. Elle se retrouve dans deux propositions de politique publique présentées par l'exécutif comme autant de solutions pour entrer dans le « monde d'après » : la « participation des salariés aux fruits de l'expansion des entreprises », d'une part, vieille lune gaulliste des années soixante déterrée (sans succès) par Gérald Darmanin, et la reformation d'un Haut-Commissariat au Plan d'autre part, institution créée au lendemain de la Seconde Guerre mondiale et aujourd'hui confiée à François Bayrou. Le général de Gaulle, que Mitterrand dépeignait en « homme du XIXe siècle, passé à côté de toutes les grandes idées de son temps » (Mitterrand, 1964), était-il vraiment la meilleure référence pour aborder les défis du XXIe siècle ? En tout cas, face à la pandémie, la marque Macron a cherché à être le porte-étendard de ce qu'on pourrait appeler un « hyper-gaullisme » – en référence au concept d'hyperréalité de Baudrillard, qui désigne les situations où les signes ne se réfèrent plus tant au réel mais à leur simulacre, devenant « la copie à l'identique d'un original n'ayant jamais existé ». Ici, l'hyper-gaullisme n'est pas une simple copie, mais une réinterprétation de la figure gaullienne par le détour de l'imaginaire, ce qui permet d'en magnifier les atouts et de n'en sélectionner que les aspects les plus conformes à ce que la mémoire collective en a gardé.

Il est ainsi significatif qu'Emmanuel Macron ait décidé de consacrer son premier déplacement officiel non lié au coronavirus à la célébration de « l'année de Gaulle ». Le 18 mai 2020, à Montcornet, Emmanuel Macron multiplie les parallèles entre 1940 et 2020 : le Covid-19 était aussi imprévisible que la percée des Allemands, qui ont frappé « là où on ne les attendait pas » ; invoquant ces « défaites d'un jour qui portent toutefois en elles le germe des victoires », le président lance un appel à l'unité des Français en rendant hommage aux soldats français de 1940 animés par « l'esprit de résistance ». On l'a compris, Macron veut être le « de Gaulle du coronavirus » : mais comme pour la métaphore jupitérienne, les ficelles sont bien trop grosses et, surtout, bien trop visibles. La désagréable sensation de pastiche vient de ce que l'hyper-gaullisme de Macron consiste à chercher à être plus gaulliste que de Gaulle lui-même, sans en avoir ni la vision, ni la force d'entraînement. N'est pas de Gaulle qui veut…

En tout cas, il n'est pas anodin que ce soit par de Gaulle que la marque Macron soit entrée dans le régime de la simulation : il faut dire que le Général a toujours agi « comme si » : *comme si* la France était toujours en guerre en 1940, *comme si* la France était victorieuse en 1945, comme si la France était l'égale des deux grandes puissances dans les années 1960. N'est-ce pas la définition même de la simulation, feindre d'avoir ce qu'on n'a pas[1] ? De Gaulle l'a même érigé en art de gouvernement :

> Si rudes que fussent les réalités, peut-être pourrais-je les maîtriser, puisqu'il m'était possible, suivant le mot de Chateaubriand, « d'y mener les Français par les songes ». (Général de Gaulle, 1954-1959.)

Le risque du simulacre, c'est qu'il condamne tout dirigeant à multiplier des *effets de pouvoir* qui doivent sans cesse être plus grands, plus imposants, plus lourds, sous peine de s'effondrer sur le réel. Au risque du *fake*, de mises en scène qui sonnent creux, et de l'inexorable lassitude du spectateur. Après s'être réclamé de Gaulle, sans pour autant en avoir récolté les effets, quels autres comparatifs historiques le président peut-il utiliser ? Peut-il seulement aller encore un cran plus loin ?

Tactiques du Neutre

Dans ce contexte, la nomination de Jean Castex à la tête de Matignon ne relève pas tant, comme on a pu le lire un peu partout, de

1. Alain Peyrefitte, ministre dans de nombreux gouvernements sous la présidence de Charles de Gaulle, avait même cette sentence : « La vérité du général de Gaulle est dans sa légende. » (Peyrefitte, 1999.)

la suppression symbolique du poste de Premier ministre ou de la volonté de neutraliser les candidatures de droite en vue de 2022. Elle confirme surtout que le Neutre est devenu pure simulation : de projet politique, il s'est mué en tactique ; de fin, il est devenu pur moyen. Castex, c'est la stratégie de l'hyperréel, cette « substitution au réel de signes du réel » dont on peut reconnaître étape par étape toutes les caractéristiques identifiées par Baudrillard (1981) :

– « Production affolée de réel et de référentiel » : l'ancrage territorial maintes fois revendiqué par « le maire de Prades, petite commune de 6 000 âmes dans les Pyrénées-Orientales » ;

– « Escalade du vrai, du vécu, du figuratif » : multiplication des arguments d'autorité qui consistent à exhiber une connaissance intime des Français dont on ne parle jamais. « Je sais, pour la côtoyer tous les jours, qu'existe une France qui ne dit rien mais qui n'en pense pas moins et qui n'accepte pas cela. Une France du bon sens et de la raison », clame Castex lors de sa déclaration de politique générale ;

– « Surenchère des signes de réalité » : on retient ses mimiques dignes de Louis de Funès à chacun ou presque de ses passages médiatiques, dans la matinale de France Inter (ses réactions aux questions des auditeurs sont devenues des GIF sur les réseaux sociaux) ou lors de l'émission *Vous avez la parole*, sur France 2, par exemple.

La tactique du Neutre emprunte à ce qu'Oswald Ducrot (1972) appelle la « rhétorique connotative », en prenant comme exemple l'emploi de mots italiens chez Stendhal. Ceux-ci ne renvoyaient pas tant à leur signification propre, qu'aucune traduction ne pouvait rendre exactement, mais à une volonté de « faire italien ». De même, toute la rhétorique castexienne consiste à « faire Neutre ». Le propre de la simulation, explique Baudrillard, est de

> […] toujours faire la preuve du réel par l'imaginaire : la preuve de la vérité par le scandale, la preuve de la loi par la transgression […], la preuve du théâtre par l'anti-théâtre, la preuve de l'art par l'anti-art. (Baudrillard, 1981.)

C'est bien ce que s'efforce de faire Jean Castex, avec son gouvernement, en venant pallier symboliquement tous les manques du macronisme : la preuve du terroir, par son accent prononcé ; la preuve du populaire, par la nomination de personnalités très identifiées dans l'opinion, comme Éric Dupond-Moretti (ténor du barreau devenu acteur à ses heures perdues) et Roselyne Bachelot (ancienne ministre de la Santé mais surtout ex-chroniqueuse sur C8) ; la preuve de la conscience écologiste, par l'interdiction de la chasse à la glu (présentée comme une « victoire écologique[1] ») ; la preuve de la concertation, par la réunion des parties prenantes, sans jamais réellement jouer le jeu du

1. Commentaire d'Allain Bougrain-Dubourg, président de la Ligue pour la protection des oiseaux : « Aujourd'hui, une victoire c'est lorsqu'on empêche la nature de perdre », in Stéphane Foucart et Perrine

dialogue ; la preuve, enfin, de la projection dans le long terme, par le Plan, sans pourtant lui donner ni les moyens ni la signification d'antan[1]. On pourrait multiplier les exemples : tous soulignent cruellement combien l'exécutif se laisse aller à un exercice permanent de simulation qui alterne entre une désespérante insignifiance et le franc grotesque.

Sortie du Neutre

À force de tourner dans le vide, le Neutre s'affaiblit, et certains finissent par comprendre qu'on peut en sortir. C'est vrai dans les mots : ainsi de Gérald Darmanin, le ministre de l'Intérieur, qui parle d'« ensauvagement [...] de la société », reprenant à son compte une vieille sémantique d'extrême droite, ou d'Éric Dupond-Moretti, garde des Sceaux, qui n'hésite pas à parler des « ayatollahs de l'écologie », usant délibérément d'une rhétorique anti-écologiste qui cherche à discréditer. La sortie du Neutre se vérifie surtout *via* la nouvelle axiologie (au sens d'opposition de valeurs fondamentales) que la marque Macron cherche à installer contre... les écologistes. En atteste le

Mouterde, « Néonicotinoïdes : la réautorisation annoncée de ces insecticides neurotoxiques ravive la polémique », *Le Monde*, 3 septembre 2020.

1. François Bayrou lui-même reconnaît avoir « repris le terme de plan parce qu'il est emblématique et qu'il a une grande signification symbolique » (Romaric Godin, « Pour Bayrou, un haut-commissariat sans plan », *Mediapart*, 4 septembre 2020).

tir groupé de mi-juillet 2020, avec Emmanuel Macron déclarant, le 14 juillet : « Je crois à cette écologie du mieux, pas à cette écologie du moins », et Jean Castex renchérissant le lendemain : « Je crois à la croissance écologique et non à la décroissance verte. » En septembre, alors que près de soixante-dix élus écologistes et de gauche demandent un moratoire sur la 5G, Macron s'écrie, devant un parterre d'entrepreneurs de la French Tech réunis à l'Élysée :

> J'entends beaucoup de voix qui s'élèvent pour nous expliquer qu'il faudrait relever la complexité des problèmes contemporains en revenant à la lampe à huile ! Je ne crois pas que le modèle Amish permette de régler les défis de l'écologie contemporaine[1].

Ce type de discours n'est pas un dérapage, mais constitue bel et bien une stratégie politique. Comme le dit très bien Philippe Rickwaert, le héros de la série politique *Baron noir* : « En politique, on choisit ses ennemis, pas ses alliés. » Jusqu'ici, le seul ennemi du pouvoir était le Rassemblement national : ennemi commode puisqu'il permettait à Macron de revendiquer le monopole du camp du Bien. Désormais, ce sont les écologistes que le président décide d'ériger en ennemis politiques… alors que, dans le même temps, l'écologie est toujours officiellement proclamée « priorité du gouvernement ». Ce faisant,

1. Elsa Freyssenet, « Macron défend la 5G contre le "modèle Amish » de la gauche », *Les Échos*, 14 septembre 2020.

Emmanuel Macron décide délibérément de sortir du Neutre pour embrasser une logique archi-classique de positionnement politique face à ceux qu'il considère être des concurrents sérieux.

La sortie du Neutre s'est incontestablement faite par la droite. Lors du second tour des municipales, La République en marche a parrainé 76 alliances à droite contre 33 à gauche, en cohérence absolue avec ce que sont ses sympathisants aujourd'hui, explique le sondeur Brice Teinturier : « Aujourd'hui, seuls 13 % des sympathisants LRM se positionnent à gauche, tous les autres au centre et à droite. Le "en même temps" est donc une fiction depuis longtemps[1]. » Cette mutation du socle électoral n'est pas sans déplaire aux stratèges de la majorité : puisque aucun président n'a jamais été réélu depuis Mitterrand, la solution consiste peut-être à changer d'électorat, murmure-t-on dans les couloirs de l'Élysée… Voire, à faire de Macron le « candidat de la droite populaire, comme Sarkozy l'a été[2] » ! Dès lors, on ne peut guère être surpris que Christian Estrosi, maire Les Républicains de Nice, lance un appel à la droite et au centre pour que Macron soit leur candidat en 2022 : « Emmanuel Macron serait le mieux

---

1. Alexandre Lemarié, « Municipales 2020 : entre LRM et la droite, le rapprochement perpétuel », *Le Monde*, 8 juin 2020.
2. Olivier Faye et Solenn de Royer, « À l'Élysée, la mue "républicaine" du macronisme », *Le Monde*, 14 septembre 2020.

placé pour permettre à mes amis de droite de participer à des responsabilités gouvernementales pour redresser la France[1]. »

*

Le constat est sans appel: toute la puissance philosophique du projet du Neutre à l'origine du succès d'Emmanuel Macron s'est comme évaporée, diluée, évanouie. Comme l'avait très bien compris Roland Barthes, le Neutre peut susciter « des états intenses, forts, inouïs »: dans le contexte politique français de 2017, le Neutre avait su lever une espérance. Des espoirs rapidement douchés par la dégénérescence du Neutre en neutralisation. Sous le choc de la crise sanitaire et de ses conséquences économiques et sociales, le Neutre a fini par imploser de l'intérieur. La raison profonde est que l'Élysée a probablement tiré la conclusion que le projet du Neutre ne correspondait plus à l'époque et à ses enjeux. À « l'ère du clash », il faudrait choisir clairement son camp, sous peine d'être inaudible. Quand un professeur d'histoire-géographie se fait décapiter devant son établissement pour avoir montré des caricatures de Mahomet, tout appel à la nuance, aussi timide soit-il, comme celui esquissé tout juste deux semaines auparavant lors d'un discours sur

1. Emmanuel Galiero, « Christian Estrosi : "Passons un accord avec Emmanuel Macron" », *Le Figaro*, 31 août 2020.

la laïcité et les « séparatismes »[1], serait immédiatement balayé. Alors que l'ensemble de la société se tend, toute « rhétorique de l'équilibre » serait nécessairement incomprise par l'opinion : dans un tel contexte, le Neutre ne saurait faire preuve que d'une coupable faiblesse.

Stratégiquement, l'erreur d'appréciation est totale : abandonner le projet fondateur du Neutre, c'est considérer que la marque doit se contenter d'être le *reflet* de la société, alors que toute sa force tient, précisément, dans sa capacité à constituer un système de valeurs et une vision du monde à même de fédérer largement – quitte, dans un premier temps, à nager à contre-courant. Il est vrai que les sujets de crispation et de tension n'ont certainement jamais été aussi nombreux qu'aujourd'hui : mais, rappelons-nous, en 2017 la société était déjà fortement en tension, éprouvée par deux ans de terrorisme islamiste. Cela n'avait pas empêché Emmanuel Macron d'émerger sur cette proposition originale de Neutre. Et si les déçus du macronisme étaient d'abord et avant tout des grands orphelins du Neutre ?

1. Lors de son discours aux Mureaux du 2 octobre 2020, Emmanuel Macron s'est efforcé de tenir une ligne de crête : ni stigmatisation des musulmans, ni victimisation. « La laïcité, c'est le ciment de la France unie », a-t-il par exemple déclaré, tout en soulignant : « Nous avons-nous-mêmes construit notre propre séparatisme. C'est celui de nos quartiers. »

Face à l'archipélisation croissante de la société, il n'est pas absurde de considérer que le projet du Neutre a plus que jamais de l'avenir. La question est: qui pour l'incarner dans les mois à venir? À l'encontre des scénarios les plus souvent imaginés, qui présupposent tous qu'un candidat de recours incarnerait nécessairement un camp bien identifié (l'ordre face au chaos, le peuple face à l'élite), avançons une autre hypothèse politique: et si la prochaine présidentielle se jouait sur la capacité à reprendre le flambeau du Neutre? Le courant écologique pourrait bien en être l'héritier naturel: il possède en tout cas tous les attributs pour incarner la force du Neutre, dans la mesure où, en théorie, son projet politique a le potentiel pour transcender les clivages et incarner « l'esquive » chère à Roland Barthes. À la condition expresse que le candidat écologiste ne soit pas issu de la frange la plus dure… ce qui rendrait impossible de mener à bien le projet d'articulation des contraires. De façon plus surprenante, quand on y réfléchit bien, un certain type de populisme pourrait tout à fait embrasser le Neutre. En effet, comme l'explique très bien Jan-Werner Müller, professeur de théorie politique et d'histoire des idées à l'université de Princeton aux États-Unis: « Le concept de populisme est devenu une sorte de contenant accueillant subrepticement toutes les composantes idéologiques possibles et imaginables. » (Müller, 2016.) De là à imaginer une sorte de populisme-mana? Face au « ni de droite ni gauche du haut », notons en tout cas la tentation de constituer une sorte de « ni de droite ni de gauche du bas », comme en atteste la revue *Front populaire* dirigée par Michel Onfray[1].

Puisque Emmanuel Macron a abandonné le Neutre, reste à savoir quelle stratégie de marque il peut embrasser pour se réinventer en 2022. Aussi difficile que soit sa situation aujourd'hui, il est bon de se remémorer les mots de Jacques Pilhan :

> En politique, l'échec n'existe pas. Toute action, même loupée, laisse une trace. Plutôt que de ruminer le passé, l'art des grands, c'est précisément de savoir transformer ses handicaps en autant d'atouts, pour une renaissance programmée. (Cité dans Bazin, 2009)

Quelle stratégie de marque serait la plus à même de transformer les handicaps du président en atouts ?

1. Michel Onfray, lors d'une interview accordée à la chaîne internet Thinkerview, le 17 juillet 2020, déclare : « Prenons à la gauche ce qu'elle a de mieux – son éthique de conviction. Prenons à la droite ce qu'elle a de mieux – son éthique de responsabilité. »

Quelle marque pour 2022 ?

> « Tout homme porte en lui six ou sept visages différents. L'art de la communication n'est pas de les montrer tous à la fois, ou même de choisir celui qui serait le vrai. C'est de trouver le bon, au moment juste. »
> JACQUES PILHAN[1]

L'histoire l'a maintes fois montré, il existe une très forte relation entre un pouvoir et son système de représentation. L'un ne va pas sans l'autre, et la vérité d'un pouvoir est à chercher dans la manière dont il se représente. La marque politique constitue un système de représentation très utile pour comprendre les dynamiques politiques contemporaines : à l'ère du *storytelling*, il constitue le plus sûr moyen de lutter contre l'arrogance explicative du récit. À la différence d'analyses politiques qui ont trop souvent tendance à se focaliser sur la seule production de discours et de récits, cet essai a voulu montrer que c'était plutôt l'*articulation* entre un système de valeurs, un récit et une esthétique qui faisait le succès (ou l'échec)

1. Cité dans Bazin, 2009.

d'une représentation politique. Pour appliquer la grille de lecture du philosophe Gilles Deleuze sur ce qui justifie qu'un livre existe[1], on pourrait dire que l'erreur à combattre, c'est le tout-récit ; l'oubli à réparer, c'est la marque ; le nouveau concept, c'est la marque politique.

Appliqué à Emmanuel Macron, le modèle de la marque politique a une triple utilité. D'abord, il apporte de nouveaux éléments pour expliquer le succès inédit de sa campagne de 2017 et les dérèglements rencontrés par la suite. Il permet, ensuite, de mieux cerner les mutations du macronisme : le passage du Neutre à la neutralisation, par exemple, est une des raisons profondes qui aide à comprendre l'évolution du socle électoral de LREM. Il constitue, enfin, une armature critique très utile pour « armer » intellectuellement les citoyens qui, intéressés par la politique, se trouvent souvent démunis pour en décrypter les faits et gestes. Un seul exemple : les discours tenus peuvent toujours laisser miroiter l'idée d'une marque horizontale ou d'une « marque verte » : mais si l'ensemble des trois niveaux de la marque ne suit pas, c'est que les mots, comme souvent, dépassent la réalité.

1. Dans *Lettres et autres textes*, Gilles Deleuze écrit : « Je crois qu'un livre, s'il mérite d'exister, peut être présenté sous trois aspects rapides [...] : 1) quelle erreur il a prétendu combattre ; 2) quel oubli il a voulu réparer ; 3) quel nouveau concept il a créé. » (Deleuze, 2010.)

Pour clore la réflexion, projetons-nous vers les prochaines échéances électorales. Non pas pour s'essayer à une prédiction qui ne pourrait être qu'incertaine, mais, plus modestement, pour tenter de déterminer le champ des possibles. Quel type de marque Emmanuel Macron peut-il adopter en 2022, dans l'hypothèse où il serait en condition de se représenter ? Ce qui est certain, c'est que le Neutre-esquive était un fusil à un coup : impossible de renouveler la même stratégie. En prenant en compte ce qui a été réalisé jusqu'à présent et étant donné ses penchants naturels, il nous semble qu'Emmanuel Macron peut emprunter quatre voies radicalement différentes. Elles correspondent à quatre facettes que toute marque peut adopter, mais aussi à quatre façons de considérer la relation entre gouvernant et gouverné : la *marque-conversation*, *la marque-miroir*, *la marque-icône* et la *marque-autorité*.

La marque-conversation

Il s'agit du scénario le plus démocratique, celui qui colle le mieux au récit de « l'acte II du quinquennat » annoncé au lendemain du Grand Débat national. Ici, ce qui est mis en avant dans la marque politique, ce sont ses *aptitudes conversationnelles*, c'est-à-dire la capacité d'une marque à établir une relation réciproque avec ses publics, qui ne sont plus cantonnés à être de simples récepteurs, mais sont considérés comme d'authentiques interlocuteurs. De la même manière que la télévision avait permis l'émergence de la démocratie de masse (et même constitué sa principale condition d'exercice, selon

Dominique Wolton[1]), la marque-conversation pourrait être l'instrument d'une nouvelle ère démocratique. Pour la marque Macron, cela nécessite d'adopter une posture plus humble, plus collective, plus collégiale ; mais aussi de partager le pouvoir de décision avec un nombre plus important de personnes, en acceptant que la démocratie passe nécessairement par une gestion des désaccords (et non par leur neutralisation). En somme, la marque-conversation renouerait avec l'horizontalité promise en 2017 – mais il faudrait des actes forts, et non plus seulement des discours, pour convaincre de sa sincérité. Au cours du quinquennat, l'élément le plus tangible de marque-conversation est certainement la Convention citoyenne pour le climat : le tirage au sort de cent cinquante citoyens pour formuler des propositions permettant de lutter contre le réchauffement climatique constitue une vraie et rare innovation démocratique. La vidéo tournée à l'iPhone par Emmanuel Macron alors confiné et convalescent du Covid-19 est l'exemple type d'une esthétique de marque-conversation : proximité et sincérité, le tout teinté d'un zeste d'imperfection dans la réalisation pour plus d'authenticité.

À quoi ressemblerait une campagne de marque-conversation ? Elle pourrait tout d'abord s'articuler autour de l'idée d'une « Grande Réconciliation » : pour refaire société, écoutons-nous les uns les autres ; dans une société de plus en plus gagnée par la division, faisons le pari du

1. « Pour la télévision publique, l'instrument de la démocratie de masse », *Le Monde*, 1er février 1992.

dialogue et de l'écoute pour raviver la République. Un projet encapsulé dans un slogan : *Ensemble, la République.* Sur le modèle du processus d'écriture citoyenne de la Constitution islandaise en 2009, ou suivant l'exemple de marques comme Glossier (qui coconstruit l'intégralité de ses offres de produits cosmétiques avec sa communauté de fans) ou C'est qui le patron ?! (« la marque du consommateur »), le programme présidentiel serait le premier à être intégralement participatif. Une plate-forme digitale (#France2027), animée par une entreprise d'intelligence collective, permettrait de recueillir les propositions de centaines de milliers de Français. Pour la première fois, la moitié des porte-parole de la campagne seraient tirés au sort parmi les sympathisants LRM : en lieu et place de la langue de bois des hiérarques du parti présidentiel, place à l'authenticité de Michel, retraité de la Nièvre, et à la fougue de Stéphanie, directrice d'une association d'insertion sociale. Les réseaux sociaux seraient confiés chaque jour à un comité local LRM différent : équipés d'un « kit de campagne » (un iPhone, un trépied, un micro), ils auraient carte blanche pour donner à voir la dynamique de campagne au plus près des Français. Des images qui, en lieu et place des habituelles images de stock, seraient ultérieurement reprises dans le clip officiel de campagne – le premier réalisé en format « vertical », adapté aux smartphones. Les déplacements de campagne seraient construits sur le modèle du Grand Débat national, avec non pas des « meetings » avec estrade et pupitre, mais des réunions publiques qui mettraient en scène le dialogue avec le public. Jean-Luc Mélenchon, bravache, interpellerait le président: « Jupiter redécouvre les vertus de l'horizontalité, c'est très bien. Mais quitte à piquer mes façons de faire, qu'il aille jusqu'au bout de mon idée: qu'il annonce la fondation d'une Assemblée constituante! Vive la VIe République! » Pour Emmanuel Macron, la marque-conversation serait d'une puissance sans pareille pour renouer avec la dynamique qu'il avait su porter il y a quatre ans. Elle présente toutefois un triple risque. Celui du déjà-vu, d'abord, en proposant une sorte d'« En Marche 2.0 », une version certes améliorée mais déjà expérimentée en 2017. Celui de l'indifférenciation, ensuite: beaucoup de partis, de gauche mais plus seulement, feront une campagne très horizontale: comment s'en distinguer? Celui de l'insincérité, enfin: comment convaincre de la réalité d'un « tournant horizontal » après un quinquennat d'une verticalité assumée comme rarement?

La marque-miroir

Dans une sorte de radicalisation de la logique de la marque-conversation, la marque-miroir consiste à vouloir épouser les désirs et les angoisses de la population. À l'éthique du dialogue succède l'absolu de la ressemblance: le projet de la marque se dissout totalement dans les attentes et les besoins exprimés par son public. En cela, la marque-miroir correspond en réalité à une défaite de la marque (définie comme une vision et un système de valeurs mis en récit et en signes) et à une victoire de la logique marketing, qu'incarnent bien des slogans comme « Venez comme vous êtes » (McDonald's) ou « *Inspired by you since 1919* » (Citroën). Politiquement, la logique de la marque-miroir emprunte à ce que Polybe appelait « l'ochlocratie » - étymologiquement le « pouvoir de la foule », envisagée comme une masse manipulable et passionnelle. Rousseau, dans le *Contrat social* (1762), voyait l'ochlocratie comme une dégénérescence de la démocratie , en ce qu'elle consacre « la volonté de tous » (au sens de chacun) au détriment de « la volonté générale ». La marque-miroir est une tentation présente depuis les origines du macronisme: le projet de la Grande Marche consistait bien à construire des propositions en se « branchant » directement sur les Français. En observant les premières années de son quinquennat, l'économiste Nicolas Baverez formule très bien le paradoxe: « L'ambiguïté profonde d'Emmanuel Macron et du système de pouvoir qu'il a organisé, [c'est qu'il] prétend combattre le populisme en retournant contre lui une partie de ses armes. » (Baverez, 2020.) La force de la marque-miroir consiste en effet à utiliser les armes de l'adversaire pour mieux les retourner contre lui. De façon plus critique, Pierre Rosanvallon (2020) estime que « Macron est la version la plus élégante du populisme[1] ».

---

1. Il est frappant de remarquer que le macronisme réunit en effet un nombre important de caractéristiques populistes distinguées par Pierre Rosanvallon dans *Le siècle du populisme*: une pratique de la démocratie directe, polarisée, immédiate, qui considère comme « structurellement illégitime la prétention de corps intermédiaires [...] à jouer un rôle actif dans l'animation de la vie publique »; un régime de passion

Une campagne en marque-miroir serait alignée sur un principe très démagogique : « Voter Macron, c'est voter pour vous. » Poussant l'horizontalité à l'extrême, le candidat Macron aurait pour objectif de chercher l'identification la plus transparente possible entre lui et le peuple français, jusqu'à s'effacer derrière lui, comme l'illustrerait le slogan : « *La France, c'est vous qui la faites avancer* ». S'appuyant sur les dix thèmes qui travaillent le plus la société française, Emmanuel Macron organiserait un référendum consultatif pour trancher les grandes orientations de son programme : hausse du SMIC, instauration d'une taxe carbone aux frontières, proportionnelle intégrale pour les élections législatives, mais aussi rétablissement de la peine de mort, instauration de quotas drastiques d'immigration ou encore interdiction de la voiture thermique pour 2025 et création d'un revenu universel. En faisant cohabiter des propositions politiquement contradictoires les unes par rapport aux autres, cette logique purement marketing (adaptation de l'offre programmatique en fonction des besoins et attentes) entraînerait deux conséquences : l'explosion totale du clivage droite-gauche, et l'abandon de l'intérêt général au profit de l'agrégation d'intérêts particuliers. Chaque meeting

---

et d'émotions, en mettant l'accent sur des « signifiants vides [...] c'est-à-dire des images floues qui ont une forte capacité de mobilisation » ; ou encore l'idée que « la victoire dans les urnes [va] au-delà d'une simple alternance et [...] marque l'entrée dans une nouvelle ère politique » (le « nouveau monde »). (Rosanvallon, 2020.)

commencerait par la chanson de variété française en tête des écoutes de la plate-forme française d'écoute en streaming Deezer, et les sympathisants (physiquement présents dans la salle ou connectés grâce à une retransmission YouTube) auraient la possibilité de réagir en direct au moyen d'une application digitale – en notant telle proposition sur cinq étoiles ou en exprimant leur ressenti via un tchat en ligne retransmis sur grand écran derrière le candidat, par exemple. Une série de déplacements thématiques ou catégoriels aurait pour objectif de véhiculer le message « Je vous ai compris » ou, mieux, « Vous avez raison » : rencontre avec des anti-masques, visite des riverains du camp de migrants porte de la Chapelle, etc. Certains éditorialistes parleraient du grand retour du « en même temps », sans comprendre qu'il s'agirait en réalité d'une version dégradée et appauvrie du Neutre.

La marque-icône

Une marque-icône est une marque devenue une icône culturelle, c'est-à-dire une marque qui a pour fonction d'être un référent moral, politique ou symbolique pour ses publics. Pour Douglas B. Holt, ancien professeur de marketing à Harvard Business School, une marque-icône est une marque capable de performer les mythes identitaires qui travaillent la société et d'en résoudre les contradictions culturelles : ainsi de Coca-Cola, Nike ou Volkswagen (Holt, 2004). En politique, la stratégie d'iconisation avait été utilisée par Jacques Pilhan pour la réélection de Mitterrand en 1988 : il parlait de la « Génération Mitterrand », comme il y avait eu une « Génération Pepsi ». Autre exemple marquant, la campagne d'Obama, que Naomi Klein, auteure du pamphlet *No Logo*, critiquait en ces termes :

> Le problème n'est pas qu'Obama ait recours aux mêmes combines que les super-marques. Le problème, c'est que, comme tant de marques *lifestyle* avant lui, ses actions ne répondent pas au fol espoir qu'il a suscité. Aux changements profonds et durables, il a préféré les grands gestes symboliques. (Klein, 2010.)

Le principal risque de la marque-icône, en effet, est de verser dans une communication autotélique, c'est-à-dire dans une communication où l'émission de signes, symboles ou récits constitue une fin en soi, sans jamais avoir l'intention de réellement les mettre au service d'un projet de transformation de la société. En ce sens, la marque-icône correspond parfaitement au retour du Prince décrit par Vincent Martigny (2019) et évoqué plus haut, c'est-à-dire à ces dirigeants qui font primer le récit de l'agir sur l'agir lui-même : « Il ne s'agit plus de changer le monde, mais de nous raconter une histoire sur ce dernier. » Au fond, le mauvais visage de la marque-icône, c'est le « *Make our planet great again* » permanent : des coups symboliques qui, à force de ne se réduire qu'à eux-mêmes, ne peuvent sur le long terme qu'entraîner déceptions et colères. Pour le président, ce serait le scénario du sabordage symbolique, celui qui verrait la marque Macron coller aux pires travers de la logique publicitaire, transformant le potentiel mobilisateur de la marque-icône en véritable carburant de la désaffection politique et du renforcement des extrêmes.

Une campagne sous le sceau de la marque-icône se devrait de mobiliser autour de marqueurs très profondément ancrés dans l'imaginaire collectif. Quoi de plus puissant que de reprendre les codes et les thèmes de « l'école de la grandeur [...], celle qui va de Choiseul à Charles de Gaulle en passant par les deux Bonaparte », comme l'écrit l'essayiste et député LREM Jean-Louis Bourlanges (2020) ? Quoi de plus enthousiasmant et lyrique que de déployer une campagne en revendiquant « une certaine idée de la France » ? Le slogan de campagne se devrait d'être à la fois d'une simplicité proche de l'évidence et d'une puissance d'entraînement et de mobilisation unanimement saluée. La devise républicaine, par exemple : *Liberté, Égalité, Fraternité.* Le candidat Macron multiplierait les déplacements à haute valeur symbolique où, sur le modèle du discours du Louvre, le décor importerait autant, si ce n'est davantage, que le contenu propositionnel : on peut imaginer un discours sur la grandeur de la France aux Invalides, à côté du tombeau de Napoléon ; un déplacement de trois jours à bord du porte-avions *Charles-de-Gaulle* ; ou encore un film de campagne signé par un grand réalisateur français, usant d'un *mash-up* de vidéos d'aujourd'hui et d'extraits historiques et légendaires : la construction de la tour Eiffel, la libération de Paris, les victoires des Bleus en 1998, des scènes cultes de Godard… Renouant avec les accents optimistes et conquérants de 2017, la stratégie iconique refuserait de présenter une nouvelle fois un catalogue de mesures pour préférer mettre en avant des propositions très symboliques : partage du siège français au conseil de sécurité de l'ONU avec l'Allemagne ; déménagement de la majorité des ministères en province (seuls les ministères régaliens resteraient à Paris) ; création d'un grand musée international consacré à la mémoire de la traite négrière et à l'esclavage. Pour les défendre, une #TEAMFRANCE rassemblerait de grandes figures françaises érigées en porte-parole : Catherine Deneuve, Omar Sy, Jamel Debbouze, Michel Drucker, Christine Laborde, Jean-Paul Gauthier, Kylian Mbappé… « La France d'Emmanuel Macron, c'est la France du Festival de Cannes ! » dénoncerait Marine Le Pen.

La marque-autorité

Il s'agit du scénario le plus sombre, et pas nécessairement le plus improbable, car le plus proche de l'entreprise de neutralisation et du projet de « marque en guerre » – que ce soit contre l'épidémie ou contre l'islamisme politique. La marque-autorité, c'est une marque qui déploie une logique de contrôle voire de confiscation du débat. Comme l'a montré Benoît Heilbrunn, toute marque porte les germes d'une réelle fascisation au sens où :

> ce système est fondé sur des procédés tels que l'héroïsation du consommateur, la déstructuration

> du langage, l'élimination de toute idée de dialectique, l'illusion permanente de l'abondance et du choix et le sentiment d'appartenance à une communauté[1].

Il n'est pas inutile de rappeler que la marque en politique a souvent été l'apanage de systèmes autoritaires qui ont su déployer de très forts systèmes d'identité visuelle au service d'une vision et d'un projet politique. Après avoir vanté le renouveau et l'horizontalité et s'être campé en premier adversaire de l'extrême droite, Emmanuel Macron pourrait-il s'appuyer sur un modèle de marque-autorité ? La trajectoire d'une marque comme Apple est très parlante : initialement construite en opposition au mastodonte IBM, dépeint en marque totalitaire dans le mythique spot publicitaire *1984* réalisé par Ridley Scott[2], Apple a peu à peu mis en place un univers symbolique réinvestissant des codes plus autoritaires, imposant une autre façon de penser (« *Think Different* ») et construisant ses Apple Stores comme d'authentiques espaces sacrés où règne l'interdit[3]. Autrement dit : une marque initialement « progressiste » peut très bien investir le modèle de la marque-autorité. Plusieurs indices laissent à penser que ce basculement n'est pas impossible pour Emmanuel

1. Benoît Heilbrunn, « Du fascisme des marques », *Le Monde*, 23 avril 2004.
2. Film réalisé en 1984. Visible en ligne.
3. Sur ce sujet, lire la contribution de Pascal Lardellier : « Un anthropologue à l'Apple Store », *Questions de communication*, 23 | (2013), p. 121-144.

Macron. Lors de son allocution télévisée du 15 octobre 2020, le président a eu une phrase en rupture totale avec la philosophie libérale qui guidait son projet en 2017 : « Nous nous étions progressivement habitués à être une société d'individus libres; nous sommes une nation de citoyens solidaires. » Au lendemain de l'attentat de Conflans, le chef de l'État a déclaré: « La peur va changer de camp [...]. Les islamistes ne doivent pas pouvoir dormir tranquilles dans notre pays. » La rhétorique rappelle celle d'un Poutine déclarant en 1999 qu'il irait « buter » les terroristes islamistes jusque « dans les chiottes ». Si la marque-autorité pourrait être une réelle tentation pour Emmanuel Macron en 2022, c'est qu'elle ne serait que la suite logique et l'incarnation symbolique des « glissements progressifs de l'extase sécuritaire » vigoureusement dénoncés par l'avocat François Sureau dans son magnifique brûlot *Sans la liberté* (2019). Dans un contexte de crise économique, sociale et sécuritaire, voire encore sanitaire, le risque est grand de voir la prochaine élection présidentielle se tenir dans un climat de peur. L'opinion pourrait alors être très proche de ce que le psychanalyste Charles Melman appelle la tentation du « fascisme volontaire »:

> Non pas un fascisme imposé par quelque leader et quelque doctrine, mais une aspiration collective à l'établissement d'une autorité qui soulagerait de l'angoisse, qui viendrait enfin dire à nouveau ce qu'il faut et ce qu'il ne faut pas faire, ce qui est bon et ce qui ne l'est pas, alors qu'aujourd'hui on est dans la confusion. (Melman, 2002.)

Suite aux polémiques sur les défaillances de l'État, et face au sentiment diffus de déclassement de la France, une campagne de marque-autorité aurait pour principal moteur de ressusciter un sentiment de puissance. Elle aurait pour principale fonction de promettre la prise en charge des décisions collectives et individuelles, délestant chacun du poids du doute et de la charge du choix. S'articulant autour du concept nietzschéen de « volonté de puissance », la campagne de marque-autorité multiplierait les démonstrations de force : manifestations contre-révolutionnaires pour réaffirmer le primat de l'ordre républicain, sur le modèle de la grande manifestation gaulliste du 30 mai 1968 ; discours martiaux, suivant les codes de l'allocution du 25 mars 2020 depuis l'hôpital militaire de Mulhouse ; instauration d'un état d'urgence pendant toute la durée de la campagne présidentielle, rythmée par un conseil de défense quotidien. Pour renforcer la puissance de son message, Emmanuel Macron pourrait aller jusqu'à refuser de se soumettre aux questions des journalistes en s'adressant directement aux Français lors d'allocutions télévisées, laissant au gouvernement le soin d'animer des conférences de presse. Le président pourrait publier, courant janvier 2022, un livre qui porterait sa vision du pays en 2030, égrenant ses solutions pour « *Une France plus forte* » – un slogan répété en anaphore lors de chacune de ses prises de parole. Dans ce contexte de confusion politique totale, sur quelles voix pourrait-on compter pour dénoncer la tentation autoritaire d'une telle campagne ?

	Marque-conversation	Marque-miroir	Marque-icône	Marque-Autorité
Principe directeur	Dialoguer	Ressembler	Éblouir	Imposer
Statut du gouverné	Interlocuteur	Inspirateur	Spectateur	Suiveur
Argument d'autorité	« Je vous écoute »	« Vous avez raison »	« Regardez »	« Croyez-moi »
Exemples de marque commerciale	Glossier C'est qui le patron ?!	McDonald's (« Venez comme vous êtes ») Citroën (« *Inspired by you since 1919* »)	Coca-Cola, Nike, Volkswagen	Apple (« *Think Different* »)
Risque ou dérive potentielle	Déjà-vu, indifférenciation, insincérité	Démagogie, populisme	Espoirs déçus, désaffection	Autoritarisme
Discours-type	Réunion de Grand-Bourgtheroulde (janvier 2019)	Restitution de la Grande Marche (septembre 2016)	Discours du Louvre (mai 2017)	Allocution à l'hôpital militaire de Mulhouse (mars 2020)
Axe stratégique de campagne	« La Grande Réconciliation »	« Voter pour moi, c'est voter pour vous »	« Une certaine idée de la France »	« Volonté de puissance »
Slogan	*Ensemble, la République*	*La France, c'est vous qui la faites avancer*	*Liberté, Égalité, Fraternité*	*Une France plus forte*

Quatre stratégies de marque pour 2022

*

En cohérence avec le fond théorique de cet ouvrage, nous nous sommes efforcés d'adopter une position la plus *neutre* possible ; ne voulant nous transformer ni en juge implacable, ni en exégète béat ; ni en pourfendeur, ni en apôtre ; ne voyant en Macron ni un « monstre politique » (Juan Branco) ni un « super-héros » (Christophe Castaner). Mais comme le précisait Roland Barthes, le Neutre n'empêche ni la prise de position, ni les coups de griffe… À défaut d'être un pamphlet politique, puisse cet essai contribuer à mieux comprendre la nature et les ressorts du macronisme.

Remerciements

Fruit d'un travail de plus de trois, ans, ce livre a connu plusieurs vies. Dans sa version académique, j'ai pu compter sur les réflexions très stimulantes de Benoît Heilbrunn, le premier à m'avoir transmis sa passion de l'étude des marques et à m'avoir mis sur la piste du Neutre. Un sincère merci, professeur.

Dans sa difficile mue vers un ouvrage grand public, j'ai eu la chance de compter sur des premiers lecteurs aussi impitoyables que justes dans leurs retours : Adrien R., Marion R. et Marie O., sans vous cet essai serait resté un obscur opuscule de philosophie politique. Merci à Michel LL. pour ses relectures toujours fines et judicieuses.

Sans Jérémie Peltier et Manon Viard, ce livre serait probablement resté au fond d'un tiroir : mes chaleureux remerciements pour votre confiance.

Bibliographie et références citées

Apostolidès, Jean-Marie. 1981. *Le roi-machine: spectacle et politique au temps de Louis XIV*. Paris: Minuit, 1981

Balandier, Georges. 2016. *Le pouvoir sur scènes*. Paris: Fayard.

Barthes, Roland. 1957. *Mythologies*. Paris: Seuil.

—. 2002. *Le Neutre: cours au Collège de France (1977-1978)*. Paris: Seuil/IMEC.

Baudrillard, Jean. 1981. *Simulacres et simulations*. Paris: Galilée.

Baverez, Nicolas. 2020. *L'alerte démocratique*. Paris: L'Observatoire.

Bayrou, François. 1994. *Henri IV, le roi libre*. Paris: Flammarion.

Bazin, François. 2009. *Jacques Pilhan, le sorcier de l'Élysée*. Paris: Plon.

Benedetti, Arnaud. 2018. *Le coup de com' permanent*. Paris: Cerf.

Bernays, Edward. 1928. *Propaganda*.

Besson, Philippe. 2017. *Un personnage de roman*. Paris: Julliard.

Bougnoux, Daniel. 2006. *La crise de la représentation*. Paris: La Découverte.

Bourdieu, Pierre. 1981. « La représentation politique: éléments pour une théorie du champ politique ». *Actes de la recherche en sciences sociales*, 36-37(2), p. 3-24.

—. 1982. *Ce que parler veut dire*. Paris: Fayard.

—. 2001. *Langage et pouvoir symbolique*. Paris : Seuil.

Bourlanges, Jean-Louis. 2020. « Une certaine idée de la France ». *Pouvoirs*, 3, n° 174, p. 5-15.

Brecht, Bertolt. 1953. *La solution*.

Coccia, Emanuele. 2020. *Métamorphoses*. Paris : Rivages.

Debray, Régis. 1993. *L'État séducteur : les révolutions médiologiques du pouvoir*. Paris : Gallimard.

Deleuze, Gilles. 2010. *Lettres et autres textes*. Paris : Minuit.

Delumeau, Jean. 1978. *La peur en Occident*. Paris : Fayard.

Ducrot, Oswald. 1972. *Dire et ne pas dire : principes de sémantique linguistique*. Paris : Hermann.

Dubois, Jean, et al. 1994. *Dictionnaire de linguistique et des sciences du langage*. Paris : Larousse.

Eliade, Mircea. 1952. *Images et symboles : essais sur le symbolisme magico-religieux*. Paris : Gallimard.

Emelien, Ismaël, Amiel, David. 2019. *Le progrès ne tombe pas du Ciel : manifeste*. Paris : Fayard.

Floch, Jean-Marie. 1990. *Sémiotique, marketing et communication : sous les signes, les stratégies*. Paris : PUF.

—. 1995. *Identités visuelles*. Paris : PUF.

Fournier, Emmanuel. 2000. *L'infinitif des pensées*. Paris : L'Éclat.

Gaulle, Charles de. 1954-1959. *Mémoires de guerre*, 3 vol. Paris : Plon.

Gill, Eric. 2018. *Un essai sur la typographie*. Paris : Ypsilon.

Goodhart, David. 2019. *Les deux clans*. Paris : Les Arènes.

Gori, Roland. 2018. *La nudité du pouvoir; comprendre le moment Macron*. Paris : Les liens qui liibèrent.

Heilbrunn, Benoît. 2005. *La marquéthique : de l'improbable et nécessaire gouvernement éthique des marques*. 4th International Marketing Trends Conference, Venise.

—. 2017. *La marque*. Paris : PUF.

Hoffmann, Stanley. 1974. *Decline or Renewal? France since the 1930s*. New York : Viking.

Hollande, François. 2018. *Les leçons du pouvoir*. Paris : Stock.

Holt, Douglas B. 2004. *How brands become icons; the principles of cultural branding*. Boston : Harvard Business School Press.

Jackson, Julian. 2019. *De Gaulle : une certaine idée de la France*. Paris : Seuil.

Jeanneney, Jean-Noël. 2017. *Le Moment Macron*. Paris : Seuil.

Jeanpierre, Laurent. 2019. *In Girum : les leçons politiques des ronds-points*. Paris : La Découverte.

Jospin, Lionel. 2020. *Un temps troublé*. Paris : Seuil.

Kantorowicz, Ernst. 1989. *Les deux corps du roi*. Paris : Gallimard.

Klein, Naomi. 2010. *No logo : 10th anniversary edition*. New York : Picador.

Kundera, Milan. 1986. *L'art du roman*. Paris : Gallimard.

Lhaïk, Corinne. 2020. *Président cambrioleur*. Paris : Fayard.

La Fontaine, Jean de. 1678. « Le Chat, la Belette et le petit Lapin ». *Fables*.

Lakoff, George, Johnson, Mark. 1985. *Les métaphores dans la vie quotidienne*. Paris : Minuit.

Lefort, Claude. 1986. *Essais sur le politique, XIXe et XXe siècles*. Paris : Seuil.

Lévi-Strauss, Claude. 1955. « The Structural Study of Myth ». *Journal of American Folkore*, 78 (270), p. 428-444.

—. 1964. *Mythologiques 1 : Le Cru et le Cuit*. Paris : Plon.

—. 2013. « Introduction à l'œuvre de Marcel Mauss ». In *Sociologie et anthropologie*. Paris : PUF.

Lipovetsky, Gilles. 1983. *L'Ère du vide: essais sur l'individualisme contemporain*. Paris: Gallimard.

Louis, Édouard. 2018. *Qui a tué mon père*. Paris: Seuil.

Machiavel, Nicolas. 1532. *Le Prince*.

Macron, Emmanuel. 2016. *Révolution*. Paris: XO.

Maillard, Denis. 2019. *Une colère française: ce qui a rendu possible les Gilets jaunes*. Paris: L'Observatoire.

Marin, Louis. 1973. *Utopiques: jeux d'espaces*. Paris: Minuit.

—. 1978. *Le récit est un piège*. Paris: Minuit.

—. 1981. *Le portrait du roi*. Paris: Minuit.

Martigny, Vincent. 2019. *Le retour du Prince*. Paris: Flammarion.

Martin, George R. R. 1997-. *Game of Thrones*. Paris: Pygmalion.

Mathieu, Nicolas. 2018. *Nos enfants après eux*. Arles: Actes Sud.

Mauss, Marcel. 1904. *Esquisse d'une théorie générale de la magie*, (coécrit avec Henri Hubert). Paris: PUF; rééd. 2013.

—. 1925 [2012]. *Essai sur le don*. Paris: PUF.

Mayaffre, Damon. 2021. *Macron par l'intelligence artificielle: ses discours décryptés par la machine*. La Tour d'Aigues: l'Aube.

Melman, Charles. 2002. *L'homme sans gravité; jouir à tout prix*. Paris: Denoël.

Milner, Jean-Claude. 2003. *Le pas philosophique de Roland Barthes*. Lagrasse: Verdier.

Mitterrand, François. 1964. *Le coup d'État permanent*. Paris: Plon.

Moles, Abraham. 2016 [1971]. *Psychologie du kitsch: l'art du bonheur*. Paris: Pocket.

Mondzain, Marie-Josée. 2002. *L'image peut-elle tuer?*. Paris: Bayard.

Monteil, Pierre-Olivier. 2017. *Macron par Ricœur: le philosophe et le politique*. Paris: Lemieux.

Müller, Jan-Werner. 2016. *Qu'est-ce que le populisme ? Définir enfin la menace*. Paris : Premier Parallèle.

Pastoureau, Michel. 2000. *Bleu : histoire d'une couleur*. Paris : Seuil.

Peyrefitte, Alain. 1999. *De Gaulle, celui qui a dit non (1940-1945)*. Paris : Perrin.

Plouffe, David. 2009. *The audacity to win*. New York : Viking.

Rancière, Jacques. 2000. *Le partage du sensible : esthétique et politique*. Paris : La Fabrique.

Revault d'Allonnes, Myriam. 2021. *L'Esprit du macronisme ou l'art de dévoyer les concepts*. Paris : Seuil.

Ricœur, Paul. 1975. *La métaphore vive*. Paris : Seuil.

—. 1990. *Soi-même comme un autre*. Paris : Seuil.

Rosa, Hartmut. 2018. *Résonance : une sociologie de la relation au monde*. Paris : La Découverte.

Rosanvallon, Pierre. 2020. *Le siècle du populisme : histoire, théorie, critique*. Paris : Seuil.

Rousseau, Jean-Jacques. 1732. *Du contrat social*.

Sainte-Marie, Jérôme. 2019. *Bloc contre bloc : la dynamique du macronisme*. Paris : Cerf.

Salmon, Christian. 2007. *Storytelling : la machine à fabriquer les images et à formater les esprits*. Paris : La Découverte.

Saussure, Ferdinand de. 2016 [1916]. *Cours de linguistique générale*. Paris : Payot & Rivages.

Schelle, Gustave. 1888. *Dupont de Nemours et l'école physiocratique*. Paris : Guillaumin.

Shakespeare, William. 1595. *Richard II*.

Sureau, François. 2019. *Sans la liberté*. Paris : Gallimard, Tracts, n° 8.

Tanguy, Marie. 2020. *Confusions*. Paris : Lattès.

Thiel, Peter. 2016. *De zéro à un : comment construire le futur*. Paris : JC Lattès.

TOURAINE, Alain. 2018. *Macron par Touraine: entretiens avec Denis Lafay*. La Tour d'Aigues : l'Aube.

VEYNE, Paul. 2002. Lisibilité des images, propagande et apparat monarchique dans l'Empire romain. *Revue historique*, n° 621, p. 3-30.

WUNENBURGER, Jean-Jacques. 2019. *Mythopolitiques: histoire des imaginaires du pouvoir*. Amsterdam : Mimesis.

Table des matières

Retrouvez notre catalogue sur
www.editionsdelaube.com

Pour limiter l'empreinte environnementale
de leurs livres, les éditions de l'Aube
font le choix de papiers issus de forêts
durablement gérées et de sources contrôlées.

Achevé d'imprimer en mars 2021
sur les presses de l'imprimerie Firmin Didot
pour le compte des éditions de l'Aube
331, rue Amédée-Giniès, F-84240 La Tour d'Aigues

Numéro d'édition : 4212
Dépôt légal : avril 2021
Numéro d'impression : 163023

Imprimé en France